中国古代谋士

徐　潜＼主　编

张　克　崔博华＼副主编

管宝超　王文亮＼编　著

吉林文史出版社

图书在版编目（CIP）数据

中国古代谋士／徐潜主编 . —长春：吉林文史出版社，2013.3

ISBN 978-7-5472-1512-8

Ⅰ.①中… Ⅱ.①徐… Ⅲ.①历史人物–生平事迹–中国–古代–通俗读物 Ⅳ.①K820.2-49

中国版本图书馆 CIP 数据核字（2013）第 063499 号

中国古代谋士

ZHONGGUO GUDAI MOUSHI

出 版 人	孙建军	
主 编	徐 潜	
副 主 编	张 克 崔博华	
责任编辑	崔博华 董 芳	
装帧设计	昌信图文	
出版发行	吉林文史出版社有限责任公司（长春市人民大街 4646 号）www.jlws.com.cn	
印 刷	三河市燕春印务有限公司	
版 次	2014 年 2 月第 1 版 2021 年 3 月第 3 次印刷	
开 本	720mm×1000mm 1/16	
印 张	12	
字 数	250 千	
书 号	ISBN 978-7-5472-1512-8	
定 价	33.80 元	

序　言

　　民族的复兴离不开文化的繁荣，文化的繁荣离不开对既有文化传统的继承和普及。这套《中国文化知识文库》就是基于对中国文化传统的继承和普及而策划的。我们想通过这套图书把具有悠久历史和灿烂辉煌的中国文化展示出来，让具有初中以上文化水平的读者能够全面深入地了解中国的历史和文化，为我们今天振兴民族文化，创新当代文明树立自信心和责任感。

　　其实，中国文化与世界其他各民族的文化一样，都是一个庞大而复杂的"综合体"，是一种长期积淀的文明结晶。就像手心和手背一样，我们今天想要的和不想要的都交融在一起。我们想通过这套书，把那些文化中的闪光点凸现出来，为今天的社会主义精神文明建设提供有价值的营养。做好对传统文化的扬弃是每一个发展中的民族首先要正视的一个课题，我们希望这套文库能在这方面有所作为。

　　在这套以知识点为话题的图书中，我们力争做到图文并茂，介绍全面，语言通俗，雅俗共赏。让它可读、可赏、可藏、可赠。吉林文史出版社做书的准则是"使人崇高，使人聪明"，这也是我们做这套书所遵循的。做得不足之处，也请读者批评指正。

编　者

2012 年 12 月

目 录

谋略始祖——姜尚

　　姜尚（约公元前1128年–约公元前1015年），字子牙，吕氏，一名望，被尊称为太公望，后人多称其为姜子牙、姜太公。姜尚是齐国的缔造者，周文王倾商、武王克殷的首席谋主、最高军事统帅与西周的开国元勋，齐文化的创始人，也是中国古代一位影响久远的杰出韬略家、军事家与政治家。历代典籍都公认他的历史地位，儒、道、法、兵、纵横诸家皆追他为本家人物，被尊为"百家宗师"。

一、历史时代　生平著作

（一）炎帝远裔　出生东吕

　　姜尚，姜姓，吕氏，名望，字子牙，号飞熊。商朝末年人，其始祖四岳伯夷佐大禹治水有功而被封于吕地，因此得吕氏。姜太公为炎帝神农氏 54 世孙，伯夷 36 世孙。为周文王、武王、成王、康王四代太师，封齐王，妻名申姜，共有 13 子（丁、壬、年、奇、枋、绍、骆、铭、青、易、尚、其、佐），女邑姜封周武王妃、皇后。公元前 1211 年，殷朝庚丁八年己酉年出生于东海上（《史记·齐太公世家》）；公元前 1072 年戊辰年，周康王六年，卒于周首都镐京，岁寿 139 岁。

　　姜子牙出世时，家境已经败落了，所以他年轻的时候干过宰牛卖肉的屠夫，也开过酒店卖过酒，以贴补家用。但姜子牙人穷志不短，无论宰牛，还是做生意，始终勤奋刻苦地学习天文地理、军事谋略，研究治国安邦之道，期望能有一天为国家施展才华。

　　由于他的道德功业，为后人所推崇、称颂。有人把他由人变为神，列为神仙之首，说他能呼风唤雨、使神役鬼；有人把他尊为"兵家鼻祖"；齐人称他为"天齐至尊"等等。历代文人墨客、哲人智士、兵家武士，都在诗词文论、兵书战策中，抒发情怀，对他称赞有加。他们或观太公留下的历史遗迹而抒发己志，或以太公事迹为据而引申己论，颂扬其功。

　　关于姜太公的出生地，文献记载不一，主要有河内说和东海说。

　　关于河内说。《吕氏春秋·首时》篇说："太公望，河内人也。"历史上第一个给太公故里定位的是东汉史学家高诱（涿县人），他在注释《吕氏春秋·首时》和《淮南子·氾论》时，两度把姜太公注释为"河内汲人"。《史记·齐太公世家》："太公望吕沿者，东海上人。"西晋汲郡出土的《竹书纪年》专载姜太公为"魏之汲邑人"。《水经注》载："（汲县）城西北有石夹水飞湍峻急，人亦谓之磻溪，言太公尝钓于此也。城东门北侧有太公庙，庙前有碑云：太公望者，河内汲人也。县民故会稽太守杜宣白令崔瑗曰：太公本生于汲，旧居犹存，君与高，国同宗，载在《经》《传》。城北三十里有太公泉，泉上又有太公庙，庙侧高林秀木，翘楚竞茂，相传云：太公故居。"宋代著名学者罗泌在所著《路史·发挥》中说："太公望河内汲人也。"清朝王昶在《金石萃编》载：

"去汲县治北二十五里，崇岗巍岩，林木丛茂，有泉瀚然，其下距泉复二里许，相传吕太公墓在此，故名其泉为'太公泉'，士人即其建庙以祀焉……"清乾隆二十年《汲县志》载："太公泉在县治西北二十五里，流十余里，伏流入地。太公泉东，太公之故居也。"

关于东海说。《孟子·离娄上》说："伯夷辟纣，居北海之滨，……太公辟纣，居东海之滨……二老者，天下之大老也。"《吕氏春秋·首时》篇说："太公望，东夷之士也。"《后汉书·郡国三》注引《博物记》云："太公吕望所出，今有东吕乡。又钓于棘津，其浦今存。"《水经注·汶水》云："(汶水)又北过淳于县西，故夏后氏之斟灌国也。周武王以封淳于公，号曰淳于国。"《水经注·齐乘》云："莒州东百六十里有东吕乡，棘津在琅邪海曲，太公望所出。"

究竟何说为确，据史籍和当代有关专家的考辨，认为东海说根据较为确凿。东吕乡当为姜太公出生地。古代"吕"、"莒"本为一字，"莒"为周代国名，即为现在山东省莒县。东吕乡、东吕里在莒城东面，今属山东省日照市。汉代张华《博物志》明确标出："海曲城有东吕乡东吕里，太公望所出也。"西汉的"海曲'则为现在的"日照"。今人杨伯峻对姜太公里籍作了具体的考辨。他说："阎若璩《四书释地续》云：'后汉琅邪国海曲县，刘昭引《博物记注》云：太公吕望所出，今有东吕乡。又钓于棘津，其浦今存。又于清河国广川县棘津城，辨其当在琅邪海曲，此城殊非。余谓海曲故城，《通典》称在莒县东，则当日太公辟纣居东海之滨即是其家。汉崔瑗、晋卢无忌立《齐太公碑》以为汲县人者，误。《孟子译注·离娄上》所论有据、甚确。"就是说，姜太公的出生地在今山东省东部黄海之滨的日照、莒县一带，亦正是司马迁所说的"东海上人"之义。

（二） 半生微贱　待遇明主

姜太公作为一位传奇式的历史人物，其前半生怀才不遇，穷困微贱；后半生终遇明主，大展宏图。

关于姜太公的早年活动，民间传说很多，流传很广，主要有"渭川坐钓""屠牛朝歌""买食孟津"等。这些传说无非是说他时运不济，一事无成，事事倒霉，偏偏又娶了一位刁悍不讲理的老婆，将他逐之门外。虽然姜太公是天下最有名望的老人，但因家境贫寒，生活中常遇窘困，以至于被"老妇"逐至门外，为生计奔波。

其实，姜太公作为"东夷之士"，自幼聪颖好学，稍长精研数术之学，深究天地变化之道，通晓人事成败之要。又因其为共工、蚩尤之后裔，故崇尚祖先共工、蚩尤的武功之道及其用兵之术，并深察黄帝战胜蚩尤的战法、阵法。姜太公通过研究、演练用兵布阵，总结前人的经验教训，从而掌握战争的规律和取胜的韬略，这为他后来的军事谋略理论和战争指挥实践都奠定了坚实的基础。

姜太公所处的时代是一个暴君、民贼当政的黑暗、残暴的时代，出身寒贱而满腹经纶的英雄却无用武之地；他家贫难娶妻而成为马氏赘婿，这种夫入妇家的女婿，在当时自然为妇家和外人所轻。这种政治上的不得志，家庭中的受轻视，便是姜太公大半生"测微"的原因。

姜太公虽然"有其才不遇其时"，不为暴君所用，又为老妇所逐，但是他怀有"治天下有余智"的雄才大略，能遇坎坷、处逆境而心不灰、志不衰。他已逾而立之年，在以后的三十多年中，一直奋发进取，探究治国安民之道，治军用兵之略，以求入世、康国济民。姜太公被逐后，在滨海隐居数年，静观、明察天下大势，审知、明辨国家治乱之源，而决定自己的志行去就。于是他离开故乡西行，向殷都朝歌进发，以求灭殷复仇，实现报国之志。

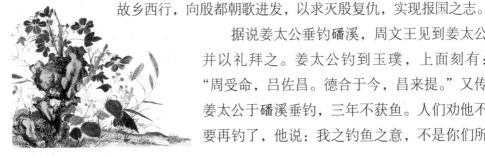

据说姜太公垂钓磻溪，周文王见到姜太公并以礼拜之。姜太公钓到玉璜，上面刻有："周受命，吕佐昌。德合于今，昌来提。"又传姜太公于磻溪垂钓，三年不获鱼。人们劝他不要再钓了，他说：我之钓鱼之意，不是你们所能理解的。终于钓到一条大鲤鱼，从鱼腹中得到兵书《玉钤篇》。这些说法虽不乏演义夸张、预言附会的成分，但是姜太公以钓鱼为由，待遇明主，等待时机，以求入世，负荷担道，解民倒悬，当为事实。不论是周文王以打猎为名而到"渭水访贤"，还是姜太公"磻溪垂竿"以等待西伯，都说明他们"雄才大略"的一致，故"周西伯猎，果遇太公于渭之阳，与语大说，曰：'自吾先君太公曰'当有圣人适周，周以兴。'子真是邪？'"周文王求贤若渴，姜太公择主心切，其所以如此，就在于政局所迫，纣王暴虐，讨伐此独夫民贼刻不容缓，所以他们一见面便志同道合，共图灭商兴周、行仁禁暴、吊民伐罪大业。

周文王与姜太公会面后，太公提出了一系列的灭商兴周的军事谋略、治国方略、化民之策，这就使文王解除了"犯上作乱"之忧。纣王暴虐，讨伐独夫，诛杀民贼，吊民伐罪，以杀止杀，实为义举，不为叛逆。因此，姜太公辅佐文王、武王伐纣王，顺乎时势，合乎民意，必然胜利。从此姜太公登上了政治历史舞台，从"观兵孟津""会盟诸侯"到"大战牧野""灭商成功"，从"齐国始祖""因俗简礼"到"开源节流""千古武圣"，从而创立了轰轰烈烈，流芳千古，泽及万世的不朽功业。

（三）太公钓鱼　愿者上钩

据说姜太公隐居在渭水河边，也就是当时的西岐，终日独自在渭河垂钓。与众不同的是，太公的鱼钩是直的，上面不挂鱼饵，最特别的是鱼钩不放入水中，只是离水三尺。他一边钓鱼一边念念有词："不想活的鱼儿呀，你们愿意的话，就自己上钩吧！"路过的人们见了，都嘲笑这人不会钓鱼。可是姜尚并不理会，只笑道自己不但要钓一条大鱼，还要钓一个王侯。太公钓鱼的奇特方法传到了西伯侯姬昌那里，姬昌知道后，派了一名士兵去传姜尚来。太公并不理睬这个士兵，只顾自己钓鱼，并自言自语道："钓啊，钓啊，鱼儿不上钩，虾儿来胡闹！"姬昌听了士兵的禀报后，改派一名官员去请太公来。可是太公依然不答理，边钓边说："钓啊，钓啊，大鱼不上钩，小鱼别胡闹！"姬昌这才意识到，这个钓者必是位贤才，要亲自去请他才对。于是他斋戒三日，沐浴更衣，带着厚礼，前往磻溪去聘请姜尚。这一请可费了力了，一去就是八次。当姜尚答应出山辅佐时，传说姬昌还亲自为姜子牙驾车八百步，这才有了日后姜尚为周朝开创的八百年基业。这就是有名的文王访贤的故事。

至于"姜太公钓鱼——愿者上钩"这句歇后语，不论真假，至少包含着一些处世哲学，也可供今人参考。先看第一层含义，鱼，你愿意被我钓，因为你不是一般的鱼，因为你知道我是姜子牙，知道姜子牙是个神仙。小鱼儿被我钓上来，以后就能借着我的法力让你上天。你知道神仙是不随便吃荤的，就算要吃，也不会吃你这条凡鱼。你不是条笨鱼，而是条聪明的鱼。我不需要多么主动地去找鱼饵和鱼钩，你都会来咬钩被我钓上来。你是自己想被钓，不是我逼你的，更不是我诱惑你的，是你自愿的。这就叫做愿者上钩。这也是这个典故的第一层、最基本的含义。再看第二层含义，鱼，我想钓你。我姜子牙钓鱼的目的就是为了吸引别人的注意，而不是为了吃鱼。我姜子牙不是凡人。和凡人用一样的方式钓鱼，那我即使不是凡人，也会被别人当成凡人。所以我一定要用凡人做不到、不会用的方式去钓鱼。当然，我用某种不寻常的方式去钓鱼，别人就一定会认为我不是凡人：如果我用无饵直钩钓不到鱼，别人就会认为我是个蠢人；如果我能钓得着鱼，别人就会认为我是个奇人。我的目的就是让别人注意到我是个奇人，所以，鱼我想钓你。鱼，我不会伤害你的，我只是要你帮我做做样子。等我的目的达到了，你还在你的水中自由地游来游去；因为我还有自己的事情要做，我也许不能真的帮你上天成仙，但是我不会忘记你的，因为你帮过我。这就是这个歇后语的前半句——姜太公（要）钓鱼。最后看第三层含义，鱼，我想钓你，你也愿意被我钓。我姜子牙需要你帮我演完这出戏，达到我的目的。你小鱼儿也希望被我钓上来，接近我，沾沾我身上的仙气。我要把戏演得更成功更吸引人，不能用普通的方式；加上我行动匆忙，一时间找不到合适的鱼饵和鱼钩，你就帮帮忙自己咬钩上来吧。我们这叫互相帮助，互惠互利。所以这出戏我们缺少谁都不行。这就是整个歇后语合在一起的意思，姜太公钓鱼——愿者上钩。

（四）著作概论　真伪考辨

《六韬》又称《太公六韬》《太公兵法》，旧题

周初太公望（即吕尚、姜子牙）所著，普遍认为是后人依托，作者已不可考。现在一般认为此书成于战国时代。全书以太公与文王、武王对话的方式编成。此书在《汉书·艺文志》诸子略兵家类中不见著录，但在儒家类著录有《国史六》："即今之《六韬》也，盖言取天下及军旅之事。字与韬同也。"《隋书·经籍志》明确记载："《太公六韬》五卷，周文王师姜望撰。"但从南宋开始，《六韬》一直被怀疑为伪书，特别是到了清代，更被确定为伪书。然而，1972年4月，在山东临沂银雀山西汉古墓中，发现了大批竹简，其中就有《六韬》的五十多枚，这就证明《六韬》至少在西汉时已广泛流传了，对它的怀疑与否定也不攻自破了。

　　《六韬》是一部集先秦军事思想之大成的著作，对后代的军事思想有很大的影响，被誉为是兵家权谋类著作的始祖。司马迁《史记·齐太公世家》称："后世之言兵及周之阴权，皆宗太公为本谋。"北宋神宗元丰年间，《六韬》被列为《武经七书》之一，为武学必读之书。《六韬》在16世纪传入日本，18世纪传入欧洲，现今已翻译成英、俄、日、法、朝、越等多种文字。

　　《六韬》一书，在军事方面主张"伐乱禁暴""上战无与战"，强调"知彼知己""密察敌人之机""形人而我无形""先见弱于敌"。要求战争指导者"行无穷之变，图不测之利"，机动灵活地运用各种战略战术。它认为作战中最重要的是奇正变化，"不能分移，不可语奇"。对于攻城，它认为最好的办法是围困打援，迫敌投降。它重视地形、天气对战术的影响。总结了步、车、骑兵种各自的战法及诸兵种的协同战术。它重视部队的编制和装备，详细记述了古代指挥机关的人员组成和各自的职责，提出了因士兵之所长分别进行编队的原则。它认为"凡三军有大事，莫不习用器械"，详细记述了古代武器装备的形制和战斗性能。重视军中秘密通讯，记述了古代军中秘密通信的方式方法。它还重视将帅修养和选拔，认为"社稷安危，一在将军"，要求将帅不仅要谙熟战略战术、知进退攻守、出奇制胜的谋略，而且要懂得治乱兴衰之道，要能与士卒同甘苦，共安危，并提出了考察将帅的八条方法，即所谓"八征"。在军事哲理方面，《六韬》具有朴素的唯物主义思想。它一方面反对巫祝卜筮迷信活动，把它列为必须禁止的"七害"之一，另一方面又主张用天命鬼神去迷惑敌人。

它具有朴素的辩证法思想，初步认识到了矛盾的对立和转化，提出了"板反其常"的重要辩证法思想，是对古代辩证法思想的重要贡献。它的许多军事思想都是建立在这一思想基础之上的，如"夫存者非存，在于虑亡；乐者非乐，在于虑殃""大智不智，大谋不谋，大勇不勇，大利不利""太强必折，太张必缺""无取于民者，取民者也"等等。

今存版本有：1972年山东临沂银雀山汉墓竹简残本、1973年河北定县八角廊汉墓竹简残本、敦煌遗书残本、《群书治要》摘要本、《四库全书》本、《续古逸丛书》影宋《武经七书》本、1935年中华学艺社影宋刻《武经七书》本、丁氏八千卷楼藏刘寅《武经七书直解》影印本。

今本《六韬》共分六卷。文韬——论治国用人的韬略；武韬——讲用兵的韬略；龙韬——论军事组织；虎韬——论战争环境以及武器与布阵；豹韬——论战术；犬韬——论军队的指挥训练。

《六韬》分别以文、武、龙、虎、豹、犬为标题，各为一卷，共六十篇，近二万字。卷一《文韬》内分《文师》《盈虚》《国务》《大礼》《明传》《六守》《守土》《守国》《上贤》《举贤》《赏罚》《兵道》十二篇，主要论述作战前如何充实国家的实力，在物质上和精神上作好战争准备。如对内先要富国强民，对人民进行教育训练，使之万众一心，同仇敌忾；对外要掌握敌方的情况，注意保守自己的秘密，这样才能立于不败之地。卷二《武韬》内分《发启》《文启》《文伐》《顺启》《三疑》五篇，有的版本把《兵道》列于《三疑》前。

这一卷主要论述取得政权及对敌斗争的策略，强调在作战前必须先对敌我双方的情况了如指掌，进行比较，以己之长克敌之短，才能制胜。卷三《龙韬》内分《王翼》《论将》《选将》《主将》《将威》《励军》《阴符》《阴书》《军势》《奇兵》《五音》《兵征》《农器》十三篇，主要论述军事指挥和兵力部署的艺术，指出在战争中要调动对方、选择将帅、严明纪律，然后确定如何发号令、通信息。还指出要注意天时地利、武器装备和物资供应等。

卷四《虎韬》内分《军用》《三阵》《疾战》《必出》《军略》《临境》《动静》《金鼓》《绝

道》《略地》《火战》《垒虚》等十二篇，主要论述在
开阔地区作战的战术及其他应注意的问题。卷五《豹略》
内分《林战》《突战》《帮强》《敌武》《山兵》《泽
兵》《少众》《分险》八篇，主要论述在各种特殊的地
形作战中的战术及其他应注意的问题。卷六《犬韬》内
分《分合》《武锋》《练士》《教战》《均兵》《武车
士》《武骑士》《战骑》《战车》《战步》十篇，主要

论述教练与编选士卒以及各兵种如何配合作战，以发挥军队效能等问题。《六
韬》的内容十分广泛，涉及战争观、军队建设、战略战术等有关军事的许多方
面，其中又以战略和战术的论述最为精彩，它的权谋家思想也很突出。

纵观史籍所述，《六韬》虽非姜太公亲著，而为后世学者所为，但这些学
者亦必有根据，其根据当为周史所记的档案材料。他们或为姜太公的后学，或
根据史载姜太公的思想加以增益精练、综合而成。不论由谁成书，其思想基础、
理论主干、学说主旨都与姜太公所论相差不远，或源于姜太公，或是发展姜太
公的思想而成，所以说这部具有很高思想价值的综合性军事著作，与姜太公有
千丝万缕的联系。

（五）光辉思想　千古称颂

权谋思想。《六韬·文韬·文师》最后有一段姜太公的话："太公曰：天下
非一人之天下，乃天下之天下也。同天下之利者则得天下。"这是太公"阴谋修
德以倾商政"、灭商兴周的最大的也是最根本的权谋思想。最大的权谋莫过于推
翻商朝、建立周朝，建立国家政权是军事谋略的根本。这一思想，除《文师》
外，在《发启》《文启》《顺启》等篇中也都反复论述。太公被封齐，建立齐国
之后，推行的根本方针也是依据"天下非一人之天下，乃天下之天下也"的
思想。可以看出，姜太公认为，人的本性是恶死而乐生，好德而归利，能给予
人以生利的是道义，能行仁义道德者，则能使天下人归服。因此，国君应当以
天下之利为利，以天下之害为害，以天下之乐为乐，以天下之生为务。只有以
仁义道德为天下兴利除害，使天下人与之共利害，同生死，共忧患，共苦乐，
这样才可以收揽、团结民心，使万民归心、欢心。基于这种认识，《六韬》强

调国君要行仁修德，泽及百姓，不可暴民、虐民，为己而害民。只有这样，人民才能与国君同舟共济，拥戴国君。本思想亦在齐国的治国实践中贯彻、实现。这是其他所有军事谋略家所没有的。可见，《六韬》一书的上述内容，与姜太公的军事谋略思想相符。

爱民思想。爱民之道，就是以仁义之道，修德惠民，使民和服。如太公所言："敬其众，合其亲。敬其众则合，合其亲则喜，是谓仁义之纪。无使人夺汝威，因其明，顺其常。顺者任之以德，逆者绝之以力。敬之无疑，天下和服。"就是说，要尊重民意，敬爱民众，聚合宗亲，行仁举义，就会受到民众的拥护爱戴，这样使天下和服，就可以守土、固国而王天下。因此，威服天下者，不必专任武力，不可横暴百姓，而要以仁义为本，修德禁暴。这就是姜太公和《六韬》重视文韬而不轻武略，把经国与治军作为整体而论的高明之处。他治国安民用仁道，施仁政，重教化，因民俗，顺民情。这就充分表现了姜太公治政的出发点和归宿都是爱民。《六韬·文韬·国务》云："太公曰：'利而无害，成而无败，生而无杀，与而无夺，反而无苦，喜而无怒。'"从以上我们不难看出，"爱民"思想之深，在先秦军事、政治和诸侯君王中，也只有姜太公才有如此深刻的"爱民"思想。而且，也是由姜太公在齐立国之后，真正把"爱民"思想贯彻到治国的实践当中去，这就是齐国的富民政策。

顺民思想。姜太公深知"民为邦本，民固国兴"的道理，有民则有国，无民则无国可言。因此，他力倡以民为本、仁政顺民的思想。顺民就是"重民""贵民"。如果国君、人臣和各级官吏，不以民为本、以民事为务，而敲剥、残害民众，就会使民众离心离德，离之而去，叛之而反。姜太公通过自己长期生活在民众中的经历，不断观察，精心研究，对于民为贵、民为本的思想有深刻

的认识，并树立了牢固的民本意识，所以他在出山之前和立国治国之中，都始终坚持以民为本，实行仁政，收服民心，使万民归心。对如何安定天下，姜太公指出，天有其运行规律，民众有其日常生活事业。君主能与民众共同安生，天下就安静，民众就安定了。最好的政治是因民俗、顺民心进行治理，其次是宣传教化，感化民众。民众被教化、受感化，就会服从政令，所以说天道无为而能生长万物、成就万物，

民众无需给予而能自己富庶，这就是无为而无所不为的根本道理所在。

举贤思想。《六韬·文韬》中《上贤》《举贤》两篇，集中表现了姜太公的重贤、上贤、选贤、举贤的圣贤治国论及其思想内容。所谓"上贤"，就是尊重、崇尚有道德、有才能的人。尊贤尚功是姜太公"国本"的主要内容之一。姜太公认为，作为君主治理国家，必须尊崇德才兼备的贤人，抑制无才无德的庸人；任用忠实诚

信的人，除去奸诈虚伪的人；严禁暴乱的行为，禁止奢侈的风俗，因此，明君用人应当警惕六种坏事、七种坏人。六种坏事的危害是："伤王之德""伤王之化""伤王之权""伤王之威""伤功劳之臣""伤庶人之业"。对七种坏人，绝对不可任用，即"勿使为将""勿与谋""勿近""勿宠""勿使""禁之""止之"。这就堵死了坏人干坏事、危国家、害民众的路径。

《六韬·文韬·上贤》云："太公曰：'得贤将者兵强国昌，不得贤将者，兵弱国亡。'"举贤思想，在姜太公建立齐国之后，又正式列入建国方针之一，即"举贤而上功"。

六守三宝。姜太公的理财富国、富民足民的发展经济的思想主张是全面而周到、精辟而深刻的。《六韬·文韬·六守》载："太公曰：'人君有六守三宝。'"六守：仁、义、忠、信、勇、谋。三宝：大农、大工、大商。农一其乡则谷足，工一其乡则器足，商一其乡则货足。三宝各安其处，民乃不虑。无乱其乡，无乱其族。臣无富于君，都无大于国。六守长则群昌，三宝完则国安。这三宝在齐立国之后，也被列入建国方针，即"通商工之业，便鱼盐之利"。农工商同时发展，重点又是发展工商业，因而，后来的齐国才发展成为一个民富国强的大国。

姜太公在"三宝并重""本末并利""上下俱足"、广开财源的基础上，提出了他的货币政策，确保财货正常流通、赋税正常缴纳，促进经济发展、市场繁荣，这种开源节流的经济、货币政策，实为国家经济发展的上策。姜太公深知农、工、商三业对国计民生的重要意义。国无农无食不稳，国无工无器不富，国无商无货不活，故要农、工、商并重，协调发展，使人民有业可从，衣食饱暖，器具足用，财货流通，财政充裕。姜太公的"三宝"思想，不仅是周朝经

济发展的基本方针政策，而且为齐国的强大奠定了政治、物质基础。这种发展经济的指导思想，一直延续到了当今时代。

九府圜法。姜太公的货币政策，主要是他制定的九府圜法。所谓"九府圜法"，颜师古《注》云："《周官》大府、玉府、内府、外府、泉府、天府、职内、职金、职币皆掌财币之官，故云九府。圜谓均而通也。"姜太公所建立的"九府圜法"，是用行政手段保证财货的均衡流通和合理出入，使钱币与布帛不断流通，聚散适宜，无积滞，无匮乏。国以之富，民以之足。

"九府"是"掌财币之官"。查《周礼》的"九府"之职能，就在于"通货币，易有无"。姜太公的财政经济政策和金融管理制度，不仅为周朝的经济管理、经济监督、赋税收纳、货物保藏等建立了完整、严密的管理体系、管理制度，而且为齐国的强大，为齐桓公和管仲的"九合诸侯，一匡天下"的霸业奠定了基础。姜太公的生财之道，理财之策，即开源节流之制，是富民强国之道，为万世治国兴邦之正道，万世不易之治道，故为万世法。

二、韬略鼻祖　千古武圣

（一）全胜不斗　不战而胜

　　姜太公深知用兵之道在于吊民伐罪，惩恶扬善，用兵之略在于不战而胜，以谋取胜，所以他极为重视军事韬略，讲究不战而胜的谋略。这是说，吊民伐罪，夺取天下的策略，要在政治上争取民心，军事上求得不战而胜。因为民众是胜利之本，所以要想不战而胜，无伤而胜，就要依靠民众，与民众共甘苦、同好恶，上下同心，相互救援，如此方能攻守自如，"不战而屈人之兵"。这就是"与人同病相救，同情相成，同恶相助，同好相趋。故无甲兵而胜，无冲机而攻，无沟堑而守"之义。

　　为了达到不战而胜的目的，姜太公十分重视"文伐"的作用。所谓"文伐"，就是"以文事伐人，不用交兵接刃而伐之也"。即用非军事手段讨伐、征服、战胜敌人。《六韬·武韬·文伐》篇中，姜太公提出了十二种"文伐"的方法，具体说明了"文伐"的内容、方法、策略、目的等。其主旨是采取各种方法，利用敌人的内部矛盾，收买、分化、瓦解、离间、麻痹、削弱敌人，转化敌我情势，造成有利于我、不利于敌的态势，然后取而代之。以"文伐"为"武伐"准备条件，奠定基础，开辟道路。只有将"文伐"与"武伐"结合起来，方能达到战胜敌人的战略目的。所以结论是"十二节备，乃成武事。所谓上察天，下察地，征已见，乃伐之"。

　　其实，姜太公的"文伐"之略、之法，在灭商兴周的过程中，一贯注意运用、实施，早在"周西伯拘羑里"时，上述有的方法就已得到采用，并取得了成功。当时散宜生、南宫括等人向姜太公请教、商量救文王之策，太公献计以美女、奇物、珍宝献纣王，使之赦免文王，文王归国后，实行仁政，收归民心，以待纣之失，最终"乃遂其谋"。文王之谋，乃太公之谋。这与"文伐"和"武伐"的"十二节"中的不少内容是相同的，究其实则为姜太公一人所思所谋。

　　由此可见，姜太公一贯注重"文伐""谋胜"，主张因势利导。《六韬·武韬·三疑》篇武王与太公的问对中，太公作了具体地说明。武王想建立功业，却有三种疑问：恐怕力量不足以进攻强大的敌人，不能离间敌方国君的亲信，不能瓦解敌国军民。针对武王所问，太公提出了攻强、离亲、散众的策略，即攻强以强，离亲以亲，散众以众。具体措施是：因之，慎谋，用财。就是说，要因势利导，慎用计谋，使用钱财。袭击强大的敌人，必须采取各种谋略、计策，去忿惠敌人、收买敌人、离间敌人、瓦解敌人，使敌人营垒分化，骄横强暴，争夺利益，淫乐迷乱，彼此怀疑，上我圈套。我运用计谋，敌人却不了解我的真实意图；我取得了胜利，敌人却不知，这就是智谋可以产生财富，养育万民，辅佐君主"以王天下"的道理所在。

《六韬》重谋胜，姜太公重"文伐""韬略"，旨在求不战而胜，这是中国历代兵家和论兵者所崇尚的用兵之略。兵圣孙武，注重战略，尤贵谋胜，主张不战而获全胜。他认为，虽然"兵贵胜，不贵久"，但是最上策则是以"谋"取胜，做到不战而胜，所以他力主谋攻，并以此为基础建立了他的军事谋略思想。即对敌作战，即使百战百胜，也不是最高明的计策，只有"不战而屈人之兵"，才是上上策，所以要以"谋攻"取胜，不战而胜。这才是中国兵家"贵谋"的原因，亦是其智慧的显现。

（二）抓住战机　智勇者胜

战争是敌我交战双方的智慧、勇力之争。两军相抗，要想战胜敌人，保存自己，就要与敌人进行智力和勇力的竞赛，愚蠢的武夫不行，胆怯的懦夫也不行，只有智勇双全者，方能克敌制胜。

姜太公深知此理，深通此道，善于用兵打仗的人，不用展开军队就能取得胜利，能够在无形之中取得胜利。最高明的智者不用战斗就能使敌人屈服。经过与敌人白刃相杀殊死搏斗而取得胜利的不是良将，战败之后而补救过失的不是智者，智慧与众人相同的人不是国师，技艺与众人相同的人不是国工。军事行动最重要的是攻必克，用兵作战最重要的是保守机密，攻击敌人最重要的是出其不意，谋敌制胜最重要的是计不失误。这样就可以未战先胜，收到事半功倍之利。姜太公进一步指出，善于指挥作战的人，能够按兵不动，等待战机，不受干扰，伺机而动，看到取胜的时机，就要捉住战机，毫不犹豫，无所畏惧，以迅雷不及掩耳之势，如疾风闪电，惊马奔驰，所向披靡，打击敌人，战胜敌人，这才是机智的指挥者。如果犹豫不决，害怕狐疑，就会贻误战机，招致失败，所以聪明的指挥者就会抓住战机而不放过，机智的指挥者一旦决计就毫不犹豫，这样才能无往不胜。

姜太公肯定用兵之道在于集中统一，兵胜之术在于密察敌情，抓住战机，出其不意，取胜之道关键在于把握战机，利用态势。因此要掌握时机，夺取胜利。这就是"兵道"，即用兵之道，用兵打仗、克敌制胜的基本原则和主要方法。在这篇《兵道》的问对中，姜太公针对周武王之问，具体阐发了用兵之道、兵胜之术的内容、要旨，强调了统一指挥、存亡转化、示形用机、乘胜出击对战争胜利的重要作用，如此用兵，变化多端，神妙莫测，无往不胜，这才是智者之胜。

在《六韬·犬韬·武锋》篇中，姜太公在回答周武王的"用兵之要"时，列举了十四种打击敌人的有利战机，使我必胜，致敌必败。这十四种打击的情况，是在审察、密察、明察敌人行动变化的基础上，从其变化中见其可击之时、之机，以使"敌人必败"。由于战场形势千变万化，有利战机转瞬即逝，因此捕捉、把握战机，适时、乘机打击敌人，是取得胜利的关键。姜太公深知此理，深通此术，故强调抓住战机，适时出击，取得胜利。姜太公的这些军事理论和指挥艺术，充满了智慧，显示了智慧。

姜太公还明确指出，要战胜敌人，既要智胜、斗智，又要武胜、斗勇，该出击时就出击，这就需要讲究"必胜之道"。因为他深知"勇斗则生，不勇则死"的道理。这就是说夜间偷袭敌国境内，突破敌人四面包围时，要在审知敌人各种不同的情况后，采取不同的战法，奋勇战斗，英勇杀敌，使敌人不能阻挡我军的突围。因此，需要"勇力"和"勇斗"。在渡过江河溪谷时，要想突破大水、广堑、深坑之阻，也要靠"勇力""勇斗"。要明确告诉士卒："勇斗则生，不勇则死。"这样就会使三军英勇杀敌，勇往直前，无往不胜，"吾三军皆精锐勇斗，莫我能止"。

在姜太公所提倡的"勇力""勇斗"之"勇"中，我们可以清楚地看到，这种"勇"不是愚夫鲁莽、草率之"勇"，而是在"审知敌人"、明察地形、了解自己、巧妙指挥的基础上，才实施勇猛突围，并设下埋伏，阻敌追兵，我军"若从地出，若从天下"，这种用兵入神，运用之妙，存乎一心，非智者不能为。所以说姜太公的"勇"，是与"智"紧密相连的，是以"智"为前提的"勇"，是智勇双全的"勇"。只有智勇双全，才能攻取战胜。

（三）施行诡诈 以奇制胜

战胜是敌我双方灵活的实力对抗、较量。由于战争所独具的特殊性，即诡诈性、多端性、无常性，交战双方常常以诈用兵，制造假象，欺骗对方，诱敌上当，取得胜利，这便增加了军事认识的复杂性、曲折性。这就要求战争的指挥者，既需要以超常的能力去认识、思考、驾驭战争；更需要透过敌人活动的现象、敌人制造的假象识破敌人的意图和设计、制造假象欺骗敌人，诱敌上当，这便是用兵的诡诈性所在。

中国古代兵书战策，历代兵家兵略，都强调"兵以诈立""兵者诡道""兵不厌诈""出奇制胜"等，姜太公对此亦有详论。他认为，用兵之法，三军之众，兵卒之动，必有奇正、分合之变。要想克敌制胜，而不被敌所制，就要施奇谋，用奇计，以奇胜。而奇谋、奇胜、奇计，来源于人的无穷智慧，有了智慧，运用奇谋，就可以收到事半功倍的奇效、奇胜。战争的态势随着敌人行动的变化而变化，两军对峙，彼此较量，运用奇正的策略、战法，来源于指挥者智慧、谋略无穷，奇正的策略、战法也随之无穷了，因此，要保守军情机密，做到我知敌，而敌不知我，并施用智谋、奇计，出其不意，示弱骗敌，这就有事半功倍之效。

姜太公在《奇兵》篇中，专门论述了出奇制胜的问题，并在其他的有关诸篇中，从各方面具体论证了施诡诈，用奇谋，出奇兵，欺迷敌，以胜敌的策略。具体说来，主要有以下方面：

第一，制造假象，声东击西。即制造各种假象，隐蔽真实意图，欺骗敌人，迷惑敌人，引诱敌人，欲其西，袭其东，这就是用兵之道、诡诈胜敌的方法。第二，出其不意，攻其不备。密察敌人的各种情况，采取适当的战术、战法，出其不意，攻其不备，或击其左，或击其右，往来不止，不断挑战，或袭其内，或击其外，使敌不知所守，不知所备，我军击之，敌人必败。第三，做好准备，疾战突破。对待大军压境、兵临城下，突然侵略的敌人，要乘其全军未到之机，作好战争准备，各类兵卒进入战斗状态，当敌人来临时，使

我轻装部队与敌交战而佯败退走，引诱敌人，令我守城部队采取各种办法做好准备，使敌人误以为我主力守城，而迫近城下，这时我突然出动伏兵，袭击敌人，发动疾战，击其内外。同时急令三军，击其前后、左右，使敌将惊骇，敌卒大乱，勇者不得斗，轻者不及走，敌人虽众，必然败逃，这就是"三军疾战，敌人必败"的战法。第四，妄张诈诱，荧惑敌将。兵为诡道，兵以诈立，战阵之间，不厌诈伪。面对强大的敌人，不能与其死打硬拼，而要虚张声势，诈骗敌人，扰乱敌人，令其上当，贻误战机，我则适时出击，制敌取胜。运用虚张声势，引诱诈骗敌人的手段，迷惑敌军的统帅，诱使敌人迂回绕道，令其必定经过深草地带；引诱敌人误走远路，延误时间，令其日暮之时同我会战。乘敌人前行部队未过河，后续部队未及宿营，发动我伏兵，迅速打击敌人的左右，命令车骑扰乱敌人的前后，这样妄张诈诱，欺骗敌将，就可以做到以少胜多。第五，施行诡术，瓦解敌军。为了欺骗敌人，瓦解敌军，要在军队的组织建制中，设立专人司行此职。

姜太公不仅从理论上主张施行诈术欺骗敌人，而且在军队指挥部的编制上设立各种人士专门施诡诈之术，迷惑敌人，从而达到欺骗敌人，取得胜利的目的。兵为诡道，兵以诈立，语其观变，出奇制胜，为历代兵家所重。

（四）选择良将　名实相当

姜太公深知，治理国家、管理军队，必须有明君贤将，有了明君贤将，才能使国富兵强、攻取战胜，所以他极力主张举贤任能，下不肖之人。

《六韬·文韬》中的《上贤》《举贤》等篇，集中阐发了姜太公的人才观；

《六韬·龙韬》中的《论将》《选将》《立将》《将威》等篇，集中体现了姜太公的将才观。足见他对治国、理军人才的思想观点和重视程度。

姜太公总的人才观点是选贤举贤，唯贤是举，下不肖之人，做到名实相当，效实用人。在这个总的人才观点的指导下，姜太公对军队将帅的品德修养、才能素质、选择方法、任命仪式、树立威信、鼓舞士气等，都作了具体的说明、规定。

姜太公认为，将帅作为战争的决策者、组织者和指挥者，其思想品质、组织能力、指挥才能，直接关系到、影响着军队的建设、战争的胜败，所以他对为将之道颇有深论，具有真知灼见。姜太公深知：战争这一关系到人民生死、国家存亡的大事，其命运掌握在将帅手中。将帅是国家的辅弼，辅弼周密，国家强盛，战争胜利，人民安生；辅弼疏漏，国家危亡，战争失败，人命不保。因为战争中的交战双方，只有一方胜利，一方失败，没有两胜，亦没有两败者，所以对于负担着关系国家存亡、人民生死命运大事职责的将帅，在选择任用时，不可不察，并要久观深察。据此，姜太公提出将帅的"五材十过"，即应具备的五种品质、美德，应避免的十种缺陷、过错。这就从正负两个方面规定了选用将帅的具体条件标准，正面条件、标准则是文武双全，有道德品格，有指挥能力，能安邦治国，亦能率兵胜敌。

有了选拔将帅的条件、标准，还要注意讲究选拔将帅的方法，避免选人不当，出现问题。为了防止两面派、虚假者、伪冒者得逞，选择智勇双全、德才兼备的人为将帅，姜太公反对以貌取人。俗话说"知人知面不知心"，往往是一些无德、无才、无能之人，最会弄虚作假、巧妙伪装。因此，选择将帅并非易事。切不可以言取人、以貌取人，而要通过言行举止、生活实践做各种试探，察言观行，综合考察，全面识别，这便是选拔将帅的正确方法和途径。

选拔了真正的贤才，立为将帅，就要讲究"立将之道"，即国君要举行立将的仪式，因为"社稷安危，一在将军"。将帅深系国家安危，人民生死，战争胜败的重大责任，所以任命将帅要举行仪式，以示重视。姜太公进一步指出，立将之后，身为将帅，统帅三军，必须树立自己的威信，严格治军，严明军纪，赏罚分明，令行禁止。这就是说，赏信必罚，杀大赏小，杀挡路权臣，赏及众卒，就可以树立将帅的威信，这样就可以做到令行禁止。如此便能攻必克，战必胜。

姜太公还对如何做个励军自治而克敌制胜的

中国古代谋士

将帅，作了具体说明。要求将帅约束自己，身体力行，以身作则，克制私欲，与士卒同甘共苦，这样便会上下一致，齐心协力，英勇杀敌。这种将帅正己正人，率先垂范，爱兵励军的方法，为历代兵家奉为统兵制胜的方法和克敌制胜的要务，亦是衡量将帅贤否的标准。

姜太公认为，选拔任用文官武将，还必须以实功实绩考核，选贤举能，下不肖之人，真正做到名实相当，名副其实，这才合乎举贤之道。这就是说，文臣武将，都要唯贤是举，举贤得贤，得贤用贤，则国可治，军可理，民可安。在姜太公看来，将相虽然分工不同，职责不同，但都要以"举贤之道"而选拔"实当其名，名当其实"的贤才，以使"国富兵强"，这就是他的用人之道的思想主旨和结论。

（五）求神问卜　望气攻止

《六韬》的作者，在论述治国用兵、文韬武略、奇谋战术、攻取战胜、有备无患、军队建设等问题中，都强调"取于人事""尽与人事"，这是科学合理的思想，亦是智者之见，并且是姜太公和《六韬》的主导思想。但是，也必须看到书中有一些神学迷信思想混入其中，不时地表现出来，这些思想也是我们必须指出的，故在此作具体分析论述。

为了欺骗敌人，施行诡诈之术，姜太公主张在军队统帅部设立"术士二人，主为诈，依托鬼神，以惑众心"。这是说，利用方术术士，求助鬼神，装神弄鬼，欺迷敌人，诱敌上当，以求胜敌。显然是依靠鬼神，利用鬼神，实现人意。

将军在受命出发征战之时，要举行宗教仪式，求神问卜，选择吉日，授权出征，方可出发并作为"立将之道"，加以规定，必须执行。这是一种宗教仪式，实则是以一种宗教仪式而行授权之实，表示隆重，使将军认识到自己的权力和责任的重大，不可玩忽职守，轻敌致败。这是古代将士出征时都必须举行的仪式，不限于姜太公一人。究其实，姜太公并不信神灵之验。武王伐纣，牧野大战之前，占卜龟甲，得之凶兆，又狂风暴雨，全是凶相，周朝群公尽惧，只有姜太公不信龟兆、天象，力劝武王按时出征伐纣，经过牧野大战，大败商军追杀纣王，周军大胜，乃太公之智。由此可见，姜太公并不信占卜之验、龟草之兆，而重视人的因素，尤其是人心向背，深信得人心者得天下的真理，肯定以贤伐不道，即使不卜亦知为吉，不战而胜，在这里完全强调人的因素，而不见鬼神的力量。证明他重人，不求神；取于人，不取神。

然而，《六韬》采用兵阴阳家的观点，以五音与五行相配的变化，作为判断敌情、决定胜负的征兆、根据，这就表现出了神学迷信色彩。古代阴阳五行家把"五行"即金、木、水、火、土的关系归结为木生火、火生土、土生金、金生水、水生木的五行相生相生；把水克火、火克金、金克木、木克土、土克水的五行相克，叫做五行相克。并以五音配五行，宫属土、商属金、角属木、徵属火、羽属水。《六韬》的作者采纳了这种思想，用"五音"宫、商、角、徵、羽，与"五行"金、木、水、火、土相配，作为判定人事吉凶和战争胜负的根据，这就表现了神学迷信思想。

《六韬》的作者，还用"望气"来判断城邑的攻止，在这里也表现出神秘主义观点。"气"作为一种自然物质，本来没有意识性、意志性、人格化，却用之决定人事吉凶、战争胜负。《六韬》援引阴阳五行家的思想，以"望气"——远望城邑上空的不同变化，作为预示、预测战争胜负的先兆，依次决定对城邑的攻与止，这显然是神秘主义的观点，也是不科学的。应当承认这是《六韬》的一个缺憾，对此，我们要做实事求是的分析评价，不必苛责古人。

姜太公作为周朝军师、齐国始祖，其军事韬略、战争谋略、战法战术、军队建设、战争准备等思想的高明、深邃、可贵之处，就在于其全面性、创造性、开拓性，他不是单纯地就军事而论军事，而是从哲人智慧的高度，以聪明政治家的眼光，将政治与军事、治国与理军紧密联系起来，融为一体加以论述。这就使他的军事韬略、谋略颇具全面性、深刻性、精辟性，因而为历代的哲学家、

政治家、军事家所推重，并产生了巨大的影响。《六韬》作为中国古代伟大的军事著作，在宋代被列为《武经七书》之一，作为武学教本，成为武将们必读的兵书。两千多年来，《六韬》与其他"武经"一样，从先秦至现代，不断有人注释、讲解、校勘、阐扬，挖掘其思想宏旨奥义，吸取其思想精华，经久不衰，至今愈盛，充分展现了其光辉的思想价值和不朽的生命力。我们应当珍惜这份宝贵的历史文化遗产，使之在新时代更加发扬光大。

三、周师齐祖　治国有道

（一）兴周灭纣功第一

姜太公被周文王请回岐邑后，即被拜为统领三军的太师，于是开始协助周文王"阴谋修德，以倾商政"，为灭商悄悄地做着准备工作。姜子牙帮助周文王主要做了三个方面的工作：

第一，就是修德爱民，发展生产，增强自身实力。姜太公认为"国之大务，爱民而已""王国富民，霸国富士，仅存之国富大夫，亡道之国富仓府""利天下者，天下启之，害天下者，天下闭之。天下者非一人之天下，乃天下之天下也"。只有爱民富民、与民同利，才能取得天下。在姜太公的大力辅佐下，周文王大力发展农业生产，敬老慈少，与民同乐，教化百姓，移风易俗，因而使得岐周的国力大为增强，为剪灭商的盟国打下了坚实的基础。"西伯阴行善，诸侯皆来决平，耕者皆让畔，民俗皆让长"，便是岐周国强民富、威望空前的绝好证明。

第二，就是帮助周文王积极争取同盟国，扩大岐周的影响。由于受周人谦让品行的感动，虞、苗等一些小国都纷纷归顺周朝。在文王断"虞、苗之讼"的当年，就有四十多国叛商而归周，咸尊西伯为王，并深有感慨地说"西伯盖受命之君"。这样一来，使得岐周的国力和威望大大增强了。

第三，剪商益周，扩大岐周的势力范围。首先周文王对西部的犬戎和密须(今甘肃灵台)大举征伐，解除了后顾之忧。然后又挥师东渡黄河，灭掉黎国(今山西长治西南)、邢(今河南沁阳)，从邢又回师灭掉了商王朝西部的重要同盟国崇。随着周国势力的日益扩大，周文王在沣水西岸修建了丰京(今陕西长安县西北)。周的统治中心随即转到沣河西岸，这里是近山平原，接近水道，筑城可自守御乱，更有利政治发展和军事进攻，周人灭商的主观条件至此业已成熟。

文王在世时，由于听从姜太公之谋计，并在其大力襄助下，修德施恩，征服戎狄，争取同盟，剪商益周，大作丰邑，结果导致了"天下三分，其二归周"

局面的形成。这就为武王继承父业，攻灭大商，奠定了坚实的基础。此时，周国政治、经济和军事力量等各个方面都大大地超过了商王朝。

姜太公不仅辅佐文王完成了灭商的准备工作，而且亲自参加了武王灭商的战斗，并担当着三军统帅的要职，为灭商建周立下了汗马功劳。武王继位后，以"太公望为师怒，薄称为师尚父"，"帅修文王绪业"。他所做的第一件大事，就是进行试探性军事行动以观天下人心向背，从而为灭商决策寻找事实依据。为此，在他继位的第二年，就举行了声势浩大的"孟津观兵"活动，武王"东观兵，至于盟津"。而后立即对司马、司徒、司空和各级将领发布了战前总动员令，他慷慨激昂地讲道："我秉承先父之遗业，续举灭商之大旗，你们各位一定要大力支持，努力作战，我一定会依功行赏的。"在武王的动员令结束后，姜太公作为三军总指挥，向各级将领宣布了严格的军事纪律："维尔众庶，与尔舟揖，后至者斩。"此时，"诸侯不期而会盟津者八百诸侯"，皆曰："封可伐矣。"但武王和姜太公认为殷纣王虽然已众叛亲离，但内部尚无土崩瓦解之兆，于是毅然还师归兵。通过这次观兵，使得武王和姜太公更进一步认识到殷纣王已是众矢之的，天下的民心向背已转向了岐周的一方，形势对岐周已更为有利，因此更加坚定了武王灭商的信心。

"孟津观兵"过去两年之后，殷纣统治集团内部发生了激烈的冲突和分裂，殷纣王也愈益"昏乱暴虐滋甚，杀王子比干，囚箕子。太师疵、少师强抱其乐器而奔周"。姜太公和武王认为殷纣王确已到了外内弃之、孤立无援的地步，于是武王遍告诸侯曰："殷有重罪，不可以不毕伐。"但武王对此战仍有重重顾虑，遂召太公望而问之："吾欲不战而知胜，不卜而知吉，使非其人，为之有道乎？"姜太公答道："有道，王得众人之心以图不道，则不战而知胜矣，以贤

伐不肖，则不卜而知吉矣；彼害之，我利之，虽非吾民，可得而使也。"武王曰："善。"于是，"乃尊文王，遂率戎马三百乘，虎贲三千人，甲士四万五千人，以东伐纣"。二月甲子日黎明，周军与诸侯兵抵达牧野，武王就地召开誓师大会，历数纣王听信妇言、不祭祖先、不任亲族、残杀忠良、暴虐百姓等滔天罪行，号召各路诸侯，奋起歼敌。此时，封王急忙驱七十万奴隶兵和俘虏兵

仓促上阵迎战。面对"殷商之旅，其会如林"的众寡悬殊，姜太公毫无畏惧之色，亲率一百多勇士前往商军挑战，以挫商军之锐气，然后派大部队向商军发起总攻，由于商军是临时拼凑起来的，又大都不愿为纣王卖命，所以"皆畔纣"降

周，牧野一战，以周军的全胜而结束。在战斗中，姜太公表现得异常勇敢，他率领军队，就像雄鹰一样扑向敌阵，纵横驰骋，所到之处，众皆披靡。正如《诗经·大雅·大明》所描写的那样："牧野洋洋，檀车煌煌，驷骦彭彭，维师尚父，时维鹰扬。凉彼武王，肆伐大商，会朝清明。"牧野之战，标志着我国历史上统治长达五百多年时间的殷商王朝的覆灭和西周王朝的正式诞生。为此，姜太公是首功一件，正如太史公马迁在《史记·齐太公世家》中所说的那样："迁九鼎，修周政，与天下更始。师尚父谋居多。"

（二）创建齐国为始祖

由于姜太公在辅佐文、武治国安邦，灭商建周活动中，立下了头等功劳，因而，周初实行分封制时，他被首封于营丘，国号曰"齐"。受封之后，他即率姜族部众"东就国"。一路上，他晓行夜宿，动作很是迟缓，相向而行的路人就劝谏姜尚道："吾闻时难得而易失。客寝甚安，殆非就国者也。"姜尚听到劝言之后，即刻醒悟，于是连夜赶路，到第二天黎明时分便到了营丘。此时，武王虽然攻灭了商纣的中央军，占领了王都之地，但是边远地区仍然处于混乱无序的状态。所以，营丘附近的莱夷便乘机来攻打营丘，以与姜太公争国。姜太公的及时到达，成功地粉碎了莱夷的进攻，确保了营丘的顺利占领。

姜太公在营丘稳住脚跟之后，即开始修明政治，治理齐国。在治国的指导方针上，他确定了因地制宜的策略。积极发展齐国的经济，使得齐国迅速地强大起来。《史记·货殖列传》说：

太公望封于营丘，地潟卤，人民寡，于是太公劝其女工，极技巧，通鱼盐，则人物归之，襁至而辐辏。

太公以齐地负海，潟卤，少五谷而人民寡，乃劝以女工之业，通鱼盐之利，而人物辐辏。

昔太公封于营丘，辟草莱而居焉。地薄人少，于是通利末之道，极女工之巧。是以邻国交于齐，财畜货殖，世为强国。

正是因为齐地十分贫瘠，因而经营农业，是没有希望的。姜太公于是便"因其俗"，积极发展手工业和商业，以至于使齐国成为西周王朝十分倚重的、人口众多的头等强国。到姜太公的十二代孙齐桓公时，齐国便首创霸业，"九合诸侯，一匡天下"。此后，一直保持强盛之势。先后吞并了莱、谭、项、遂、江、鄣等三十多个华夷诸侯国，形成为东方民族融合的中心。这些与太公打下的坚实基础都是分不开的。

至周成王时，周公辅政，此时，淮夷反叛了西周王朝，于是周公"乃使召康公命太公曰：'东至海，西至河，南至穆陵，北至无棣，五侯九伯，实得征之'"。受命之后，姜太公便在东西三千里，南北两千里的广袤地区内，南征北战，平东扫西，实施了强有力的统治，"齐由此得征伐，为大国，都营丘"。

齐国在创立后很短的时间内，即能迅速富强起来，这首先是与太公姜望自身才能出众分不开的，正像《说苑·杂言》中所形容的那样："太公田不足以偿种，渔不足以偿网，治天下有余智。"其次，是与姜太公正确的用人方针分不开的。太公望和周公旦在一起讨论"何以治国"这个问题时，太公望认为要将国治好，最重要的是："尊贤尚功"。只有尊重有才能的人，崇尚有功劳的人，这些人才能奋发有为，因而才能调动其治理国家的积极性，如此国才能大治。正是因为姜太公本身治国才智有余，再加之采取了因地制宜，尊贤尚功的正确政策，所以，齐国才会在很短的时间内突飞猛进般地发展起来，由此辉煌的成果亦可反衬出太公的才智超群。

（三）足智多谋冠古今

姜子牙的深谋远虑，在兴周灭商中起了极为重要的作用。谋略，即计谋策略。《孙子·谋攻篇》曰："故上兵伐谋。"《淮南子·兵略训》云："防敌之萌，皆在谋略。"可见谋略在兵战中的重要性。"兵者，诡道也"，说的正是这个道理。姜子牙的足智多谋，在兴周灭纣中，屡屡显灵，次次胜利，以至于被后世人们神化为无所不能的万神之主，并演绎出了一本家喻户晓的神话名著《封神演义》，足见姜太公谋略之深远。周文王时，商人对周族在西方的崛起已经十分警惕，先杀季历，后囚文王于羑里。

在这种情况下，如果周人仍肆无忌惮地发展实力，必然遭到商王朝的严厉打击而达不到发展壮大的目的。针对这种情况，依据商强周弱的形势，姜太公及时做出了"韬晦待机"的决策。他说："翰鸟将击，卑飞敛翼，猛兽将搏，鲜耳俯伏，圣人将动，必有遇色。"文王从其言，装出沉于声色之相，"为玉门、筑灵台，相女章，击钟鼓，以待纣之失也"。纣王果然中计，"闻之曰：'周西伯改道易行，吾无忧矣'"。于是商纣王就放松了对岐周的警惕，结果周国在声色之相的掩护下，励精图治，专心致力于修德爱民、争取人心、瓦解商的盟国、削弱商的影响等灭商的准备工作，不久便将殷商王朝灭掉了。这就证明了姜太公的"韬晦待机"谋略是无比正确的。这个例子只是姜太公诸多计谋中的一个，关于他的谋略成功的记载，在《史记·齐太公世家》中尚有多次论及：

周西伯昌之脱羑里归，与吕尚阴谋修德以倾商政，其事多兵权与奇计，故后世之言兵及周之阴权，皆宗太公为本谋。周西伯政平，及断虞、芮之讼，而诗人称西伯受命曰文王。伐崇、密须、犬夷，大作丰邑，天下三分，其二归周者，太公之谋计居多。

又：

散鹿台之钱，发拒桥之粟，以赈贫民。封比干墓，释箕子囚，迁九鼎，修周政，与天下更始，师尚父谋居多。

由于姜太公谋略超群，又百战百胜，所以刘永恩先生将其称为我国谋略家的开山鼻祖，诚不为过。因为太史公老先生亦早有评说："故后世之言兵及周之阴权，皆宗太公为本谋。"

由于姜太公的文韬武略，高超智慧，卓越才能，故使周文王"立为师"，辅佐文王修德爱民，强兵兴邦，使周成为西方大国。文王崩，武王即位，太公更受崇敬，而被尊为"师尚父"。姜太公辅佐周武王讨伐殷纣王，完成了灭殷兴周的大业。在周灭殷的整个过程中，"师尚父谋居多"，就是说，姜太公是第一功臣。

周灭殷而代殷后，大封功臣谋士，以首功封姜太公于齐，建都营丘。"太公至国，修正，因其俗，简其礼，通工商之业，使鱼盐之利，而人民多归齐，齐为大国。"姜太公作为齐国始祖，推行了一系列得民心、合民意的政治、经济、道德、民俗的改革措施，使齐国逐渐强盛，成为东方大国。因此，姜太公的文治武功，道德业绩，为千古称颂，万民敬仰。

四、千秋功业　泽及后世

（一）行合天地　德配阴阳

姜太公从"齐之逐夫，朝歌之废屠，子良之逐臣，棘津之仇不庸"，到周文王之"师"、周武王之"师尚父"，而为周朝的一人之下万人之上的最高长官，既主军，也问政，辅佐文王、武王成就灭商兴周、举义伐暴而救民于水火的宏图大业。从周文王被商纣王"拘羑里"，姜太公与散宜生等设计谋划救文王，文王被救脱离羑里，返回周国后，修德振武，以求倾商等一系列文武措施、文德武功等，"皆宗太公为本谋"。文王修政治国安民，政通民和，进而征讨伐崇、密须、犬夷诸国，到最终使"天下三分，其二归周"，文王之政是太公之治，文王之兵是太公之谋。就文王而言，得救是其倾商大业的前提、根本，如果文王不得救而被囚，则一切倾商活动，便是天方夜谭。所以救文王是太公的首功大德。

周文王驾崩，周武王即位。武王继承文王之志，继续修文王之业，准备倾商伐纣的大业，从孟津会盟八百诸侯，到"与太公作此《泰誓》"，亦都是太公之谋。这既是孟津会盟誓师大会的示众誓言，亦是为倾商伐纣作舆论准备，表明讨伐民贼的决心，表达正义者行仁的声音，以取得各诸侯国及广大民众的支持。

姜太公与周武王作《泰誓》后，在作了舆论准备、政治动员、表明决心后，等待时机，以求伐纣成功。两年后，纣王杀害王子比干，囚禁箕子，罪恶愈甚。

伐纣时机已到，武王将要举兵伐纣。占卜吉凶，龟兆不吉，又正值暴风雨，其他诸公都认为是凶兆而害怕，只有姜太公劝周武王按计划进军伐纣。经过牧野大战，纣师大败，斩杀纣王，获得全胜。灭商诛纣后，开仓赈济万民，改元更化，修德仁民。姜太公封到齐国之后，更是以德治民，修政便民，发展经济，民富国强，使齐国为

中国古代谋士

东方泱泱大国。

周朝之兴，如果没有姜太公之计救文王和姜太公之谋劝武王伐纣，则倾商兴周大业便无从谈起，所以司马迁反复强调在倾商兴周的过程中，"皆太公为本谋""太公之谋计居多""师尚父谋居多"。这是中肯公允、符合历史事实的确论。

姜太公之所以能有如此智慧谋略，建立伟业，实现宏图，就在于他通天地变化之道，知阴阳大化之理，晓治国安邦之略，精用兵制敌之术，有仁爱生灵之心，怀救民济民之志。他相信人事、人力，而不相信天命、神力。所以他能力排众议，抓住战机，适时伐纣，取得胜利。此非大智者不能为，非大勇者不敢为。

姜太公之所以能"自布衣升三公之位"，而为文王、武王之师，辅佐文王、武王完成灭商兴周大业，并"累世享千乘之爵"，就在于他仰观天文，俯察地理，中通人事，故能因势利导，抓住时机，顺天应人，夺取胜利。倾商兴周，以此大功，造福当世，解民倒悬，恩及后世，千古流芳，众人敬仰，贤人称赞。

（二）兵家宗师　齐国兵祖

姜太公作为周师齐祖，其千秋功业，不仅在政治兴国、仁政治民、经济富国、理财惠民，而且在军事韬略、吊民伐罪、除暴安民。

姜太公是中国第一位军事谋略家、武圣人。姜太公的军事谋略智慧、用兵指挥艺术，在出山前已胸有成竹、理论大定，在倾商伐纣中已付诸实践、取得成功，为齐国兵论兵略奠定了理论基础，为以后兵学兵智提供了理论前导，可以说"齐国兵论冠天下""中国兵学甲天下"，都与姜太公的军事智慧、韬略思想有密切的关系。就此而言，太公实为兵家宗师、武学鼻祖。

中国兵学博大精深的思想体系，严密完整的逻辑结构，蕴意无穷的谋略智慧，丰富多彩的思想内容，变化多端的指挥艺术，延绵不断的发展脉络。就此而论，太公之功，功莫大焉，太公之业，泽及后世。择其要者，论述如下：

兵为大事，不可不察。战争由来已久，并在人类的社会生活中居于重要地位，起着重要的作用。随着战争作用的突显，地位的提高，人们把"兵"视为"国家之大事"。以姜太公为鼻祖、为代表的中国兵家，都重视战争、准备战争，因而使中国的战争理论、军事谋略、指挥艺术极为精彩，寓意深刻，内容丰富，体系完整，为人类文明作出了杰出的贡献，这都与姜太公的军事思想及其所开创的齐国兵家的军事智慧有密切关系。

天时地利，人和者胜。姜太公的兵略、兵智，极为重视天、地、人在战争中的地位和作用，认为只有"上知天道，下知地理，中知人事"的将帅，才能全面谋划战争，决策战争，指挥战争，获得胜利。姜太公深知"天下非一人之天下，乃天下之天下也……道之所在，天下归之"的道理，人心向背，决定战争的胜负，所以他注重民心、民意，强调人和、心同，故能辅佐武王顺天应人，伐纣胜利。

仁义为本，修德禁暴。姜太公论兵、用兵，非单纯就兵论兵，崇尚武力，而是尚"文韬"，重"文伐"，先文后武，文武兼备。就是说，文事先于武备，文德重于武力，主张以仁义道德服人心，不以穷兵黩武征服天下。因此，应以仁义为本，使天下人心归服，用兵者在禁暴除害，非为炫耀武力杀人。这就是战争的正义性和目的性的问题，太公对此认识明确，用之适当，修德振武，吊民伐罪。

中国古代的兵论、兵法、兵书、战策、战术等一整套的军事理论学说，就其最早发端、形成体系、构成学说来说，都始自齐国，源自太公，所以说太公为兵家宗师、齐国兵祖、中国武圣是当之无愧的。可以说，没有太公理论及其所建立的齐国兵家，则不会有如此博大精深、智谋高超、理论完整、源远流长、延绵不断、影响巨大的中国兵学理论学说。今天，我们在研究中国古代的治国方略、用兵之道时，不能不重视太公的杰出贡献、思想价值。

（三）千秋功业　后人称赞

姜太公的道德功业，为后人所推崇、称颂。有人把他由人变为神，列位神仙之首，说他能呼风唤雨、使神役鬼；有人把他尊为"兵家鼻祖";齐人称他为"天齐至尊"等等。历代文人墨客、哲人智士、兵家武士,都在诗词文论、兵书战策中,抒发情怀,对他称赞有加。他们或观太公留下的历史遗迹而抒发己志,或以太公事迹为据而引申己论,颂扬其功。

在《诗经·大明》中写道:

牧野洋洋,檀车煌煌。

驷骥彭彭,维师尚父。

时维鹰扬,凉彼武王。

肆伐大商,会朝清明。

在诸多赞诗中,对姜太公一生功绩给予高度概括、评价的要算《封神演义》的作者许仲琳的《姜元帅赞》:

六韬留下成王业,妙算玄机不可穷。

出将入相千秋业,伐罪吊民万古功。

运筹帷幄欺风后,燮理阴阳压老彭。

亘古军师为第一,声名直并泰山隆。

对姜太公一生的千秋功业,不仅有诗词歌颂,而且经史文论,多有盛赞。

人们不仅重视他的著作和智能的价值,还十分尊崇他高尚的人格和不懈奋斗的精神,怀念他对正义、对文明的不懈追求;困难,他不退却,不屈服,不低头;饥饿,也不理会;沉沦,他不屈服;年高,他不服老。对自己的理想、信念和追求毫不动摇。他是有志不嫌年高,大器晚成,"使老者奋"的典范,他永远是中华儿女的自豪和骄傲。

在历史悠久、源远流长、延绵不断的中华民族传统思想文化中,齐鲁文化是主要来源,集中代表了炎黄这一思想体系的传统文明。在远古时代,炎帝、黄帝为首的两个部落,已开始结合。经过漫长的历史发展,已融合成为一个民族。在周初,代表这两个部族的两个伟大历史人物,一个是封于齐国的炎帝后裔姜太公,一个是封于鲁国的黄帝后裔周公旦。我们说,假如没有周公的文韬和姜太公的武略,作为"小邦周"是很难战胜"大国殷"的,即使是战胜了,也难以巩固,并创造出那样灿烂辉煌的周代文明。

姜太公一生坎坷多磨而又轰轰烈烈、神秘莫测，确实称得上是奇人、奇事、奇男子。综观太公一生的建树，无论军事、政治、经济思想等方面，都有卓越贡献，其中尤以军事最著，所以太史公言"后世之言兵及周之阴权皆宗太公为本谋"，称得上兵家之鼻祖，军事之渊薮。

姜太公是中国历史上一位全智全能的人物，也是中国文艺舞台上一位"高、大、全"的形象，还是中国神坛上一位居众神之上的神主。作为宗教中的神仙，他是武神、智神，被奉为"太公在此，百无禁忌"的护佑神灵。

周朝从古公亶父起，就盼望能得到一个圣人，一位武能安邦、文能治国的贤才，来辅助周国实现灭殷兴周的任务，所以名太公为"太公望"，到武王执政时，又以"师尚父"相称，尊宠权贵无以复加。文王所命太公之"师"即"太师"，是西周王朝"三公"中的最高长官，既主军，也问政。时有"天下三分，其二归周者，太公之谋计居多"之言，足见太公在周朝中的地位之重。

姜太公是一位满腹韬略的贤臣和非凡的政治、军事家，一直受到历代统治者崇尚，这在《诗经》等唐朝以前的许多史料及文学作品中颂文颇多。

到唐代，太宗即位后，外夷相侵，内患未除，政局动乱，国家面临着百乱待治、百废待兴的局面，为了达到"安人理国"的目的，太宗便自称是姜太公的化身，更在磻溪建立太公庙，他用这一举动告诉人们，他要像周文王一样访贤并重用姜太公那样的贤臣良将，他后来果然得到了一大批治世理国的人才，终于实现了"贞观之治"。唐玄宗为求国内安宁，需要像姜太公那样披肝沥胆、呕心沥血的勤勉事主的人才，他于开元十九年（731年）敕令天下诸州各建一所太公庙，并要求以张良配享，在春秋仲秋月上戊日祭祀。每当发兵出师或各将领及文武举人应诏，都要先去太公庙拜谒。开元二十七年（739年）追谥姜太公为"武成王"，成为中华民族的"武圣人"。宋神宗熙宁五年（1072年）为抵御外寇入侵，下令要求各级军事将领必读《太公兵法》。

直到今天，我们在研究中国古代的治国方略、用兵之道时，都不能不重视太公的杰出贡献、思想价值。中国古今著名的军事家孙武、鬼谷子、黄石公、诸葛

亮等都学习吸收了太公《六韬》的精华，太公的文韬武略被当今世界上的政治、经济、管理、军事、科技等各个领域所借鉴。

太公治国，确立了"因其俗，简其礼，通商工之业，便鱼盐之利"的治国方针，在齐国数百年的发展史上，代代相传，产生了巨大的影响，确立了齐文化的历史地位。

太公已去世三千余年了，人民出于崇敬他的高尚人格，悼念他的丰功伟绩，以朴实的感情创造出很多神话故事来歌颂他，说他曾在昆仑山学道，后奉师命下山助周灭商，灭商之后又奉师命发榜封神。《太平御览》和《封神记》等书更是逐步把他加以神化。到了明代，许仲琳编著了一部《封神演义》，把姜太公说成是统领天下所有神的神了，太公神奇而威严，成为驱邪扶正的偶像。这些虽然超出了历史的真实，但却反映出姜太公在人们心目中的崇高地位。

强秦弱楚——张仪

张仪，号"武信君"，战国时期著名的纵横家。魏国贵族后裔，生年不详，卒于秦武王二年（公元前 309 年）。曾随鬼谷子学习纵横之术。其主要活动应在苏秦之前，是战国时期著名的政治家、外交家和谋略家。他曾在秦国为相，以"连横"之策游说于赵、燕、齐、楚、韩、魏等国，拆散了关东各国的政治、军事"合纵"联盟。张仪之名千古流传，为后人所称道。

一、张仪故里

关于张仪的祖籍及家世，《史记·张仪传》《吕氏春秋涯》《史记正义》等文献均有记载，且观点基本上是一致的，即：张仪是战国时期魏国人，系晋大夫张老的庶支，居地在名叫"清河"一带的"河东""西张城"。而据考证，"西张城"即今天河南省濮阳市市区胡村乡张仪村，有以下五个证据可以证明：

第一，张仪村为春秋时晋地、战国时魏地。这个村子位于今天河南省内黄县东南、清丰县西南，与濮阳市区交界处。根据这个村在清朝同治年间所立的《铁佛寺碑》和内黄、清丰两县旧志记载，此地曾先后属内黄、顿丘、清丰县地，1994年划归濮阳县。清朝光绪年间，续编的《内黄县志》记载：内黄春秋时期属于晋国，战国时期属于魏国。唐代李吉甫《元和郡县图志》记载说，清丰本来是汉内黄县的土地，大历七年于清丰店置，沿袭下来用清丰的名字。郦道元的《水经注·淇水》上记载：顿丘这个地方，《古文尚书》上说是观地，因为太康五君名号是观者，《竹书纪年》上提到说晋定公三十一年定都城于顿丘。从以上方面文献的记载来看，张仪村不论后来属于内黄、顿丘还是清丰，这些地方在春秋时期都属于晋国，战国时期属魏国。

第二，张仪村位于战国时期的黄河东岸。古代文献中的"河"指的都是黄河。"河东"，就是黄河以东的地区。根据《光绪开州志》记载，古代黄河自河南滑县流入此地，向北穿过开州的小屯庄、张家庄、聂固等村，经过戚城由西转向东北进入清丰县的境内，这是西汉以前的黄河流向。班固的《汉书·武帝纪》中记载，元光三年，黄河水从顿丘的东南地区流入渤海。夏天的时候，黄河在濮阳地区决口，淹了十六个郡县，政府发兵十万去抢险救灾。以上文献所记载的西汉以前的黄河故道流行的遗迹依然可以辨识出来，循着遗迹可以找到张仪村，就位于戚城西北部二十里的黄河故道东岸。

第三，张仪村一带曾经因为古清河而得名"清河"。对于"清河"一词，《辞海》里的解释有五项：一是古河名，有两支，一支源出于今天

河南内黄县以南；一支为古济水以下的别称。二是古郡名，为西汉时期设置，地点在今天河北清河县一带。三是古国名，为东汉时期设置，地点在今天山东临清市东面。四是旧县名，在南宋时期设置的，地点在今天江苏省清江一带。五是今县名，为隋朝时设置，就是今天的河北省清河县。只有今天的河南省濮阳市市区胡村乡张仪村一带，才是战国时期张仪的故里清河。

第四，张仪村原名张城。今天张仪村是一个居民聚居地片名，这个居民片落有张、尹、李、常、魏、许、王、陈等八个姓氏，同姓的聚居划分为七个自然村，俗称"七张仪"，现在合为一个行政村，全村共有 600 余户，2550 人，总耕地 5400 亩。其中张姓仅存 4 户。考察他们的来源，村民都说除了张姓是老户，是在明代移民前就已在当地以外，其余七个姓氏都是明代外地移民的后裔。八个姓氏之中，仅仅李、尹两个姓氏存有族谱。根据清代光绪二十五年续编的《李氏族谱》记载，李氏出自陇西，然后遍布天下。明代洪武年间，自洪洞迁往开州北面的王家庄后，自王家庄移居清代城邑张仪村。根据清代光绪年间续编的《尹氏家谱》上的记载，尹氏是周王室吉甫的后裔，世代居住在山西的洪洞地区，明代成化年间迁徙到清代城邑张仪村。可惜张姓家谱失传，对于他们的世系无法调查考证。探索他们村名的来源，村民们都说世代相传，这个村原名叫作张城，是战国时期秦国丞相张仪的故里，因张仪曾挂七国相印，誉载史册，村人引以为荣，大都以张仪的名字作为村名，但是至今仍然有"张仪""张城"两个村名混称的。

第五，张仪村至今流传着许多关于张仪的故事和传说，村里的农耕老夫，虽然没有多少文化，但是一提到张仪的故事，如"张仪的舌头""六百里与六里""张仪伐苏秦"等都是滔滔不绝，讲得有声有色。

总之，综合上面五条证据关于张仪的家世和祖籍居住地以及张仪村的历史沿革、地理位置等方面的考察分析，可以得出一个结论：战国时期纵横家张仪的故里就在今天河南省濮阳市市区胡村乡张仪村。

二、开封张仪墓

张仪墓位于今天河南省开封城东开兰公路北侧的宴台河村，西面距离曹门五公里，南面与三公里处的汉代张耳墓隔边村相望，东面四公里处有南神岗汉墓群，东北面与十公里处的仓颉墓（也叫做仓王城）及其造字台遥相呼应。这一带自古以来地势较高、林木繁茂、风景秀丽，人称"风水宝地"，所以古墓葬比较多。

张仪墓占地一亩余，居宴台河村内南北街中段西侧，东临街道，南、北、西三面都临近民居房屋，墓坑周围花木扶疏，与房舍连成一片。据调查，张仪墓原为长方形高台，土质坚硬，与周围沙壤迥然有别。后来，人们都认为墓地有灵性，用墓土垒锅灶或洒在锅台上可以避蚂蚁和蚊蝇，遂挖土垒锅台或盖房屋。年长日久，张仪的墓地就变成了一处凹坑。1989 年 10 月，东郊乡政府和村委会在张仪墓东南端靠近街道处树立了一通石碑，碑文记载了宴台河村的来历及沿革。宴台河村原名砚台，也叫做北砚台，距它东南三公里的张耳墓村称为南砚台。宋代的《北道刊误志》上记载，张耳墓因为它的形状像砚台，所以起名为砚台；张仪墓在乐安乡，形状也似砚台，所以也起名为砚台。那么，砚台或者北砚台的村名为什么演变成了宴台河村呢？传说，明清时期黄河经常泛滥成灾，曾经流至这个村的北头，冲出一个大河口，遂称这个村子为砚台河。又因为村西北与北宋时期古宴台遗址相距仅一公里，"砚"和"宴"两个字谐音，久而久之，便逐渐传为宴台河村了。

张仪及其墓地在开封的情况，已故李村人某先生在《开封名胜古迹散记》一书中有下面的记述："张仪墓在城东北七里北砚台。张仪，魏人，初和洛阳苏秦、齐国孙膑、魏国庞涓等学艺于鬼谷。孙、庞学兵法，苏、张学游说。仪以连横之说仕于秦惠王，后为丞相十一年，周显王四十六年（公元前 323 年）又为魏相年余。周靓王四年（公元前 317 年）任齐相，最后归大梁死于大梁。"在这段文字记载中，前半部分记述张仪的事迹比较可信，而后半部分却有谬误。张仪担任魏相

是第一次，不是"又为魏相"，也不是"年余"，而是从周显王四十七年（公元前322年）至周靓王二年（公元前319年），共四年。所谓的周靓王四年（公元前317年）任齐相也有错误，不是担任齐国的相国，而是复任秦相，张仪两次相秦共十一年。张仪最后归大梁且死于大梁是正确的。

张仪是魏国人，最后复为魏相，然后去世，葬于魏都大梁（今河南省开封），是可以肯定的，不可能葬于其他诸侯国所在地。关于张仪墓，除宋《北道刊误志》所记载的以外，《汴京遗迹志》《开封府志》《祥符县志》《宋东京考》等，都记载张仪墓在开封城东七里或者城东北七里的砚台或北砚台（就是今天的宴台河村）。古书上说的七里，应为约数，后代相继沿袭传开来。现今根据实测张仪墓距曹门5公里。开封之张仪墓，史料记载与传说一致，可谓是确凿无疑。

三、楚国受辱　友人讥讽

　　《史记·张仪列传》记载："尝从张仪已学游说诸侯。尝从楚相饮，已而楚相亡璧，门下意张仪，曰：'仪贫无行，比此盗相君之璧。'共执张仪，掠笞数百，不服。其妻曰：'嘻！子毋读书游说，安得此辱乎？'张仪谓其妻曰：'视吾舌尚在不？'其妻笑曰：'舌在也。'仪曰：'足矣。'"这个故事讲的是：张仪在学业完成以后，便去游说诸侯。有一次，他在楚相令尹那里赴宴饮酒。席散后，令尹发现自己身上佩戴的玉璧不见了，相府的幕客们都认为是张仪偷的。他们说："张仪这个人，又穷，品德也不见得有多好。偷相国玉璧的，一定是他！"于是众人捉住张仪，打了他几百竹板。张仪死活都不承认，大家也没有办法，只好把他给放了。回到家里，张仪的老婆叹着气说："唉，你如果不去读书游说，又怎会遭到这般侮辱呢？"张仪对妻子说："你看看我的舌头还在吗？"妻子禁不住笑着回答："舌头当然还在啰。"张仪说："这就够了。"可见，张仪对自己的游说能力是多么看重。

　　再说苏秦。苏秦是东周洛阳人（今河南洛阳），学业结束以后，他便开始周游各国，以图发展，先是说服了燕赵六国的国君，从而约定山东六国合纵扰秦。当时，经过商鞅变法的秦国已经成为七雄之中最为强大的国家，频繁地出兵攻打与之相邻的国家，对山东六国形成了巨大的军事压力。对山东六国来说如何缓解秦国的攻势，已经成为迫在眉睫的问题。苏秦联络六国合纵抗秦正符合这一客观要求。

　　苏秦已经约定六国合纵，可是他在心里却很怕秦国反击，于是便想在秦国安插一个人来阻止秦国破坏合纵的计划。苏秦首先想到了张仪。在读书期间，苏秦就感到张仪的才智远胜于他。而此时张仪正是落魄之际，如果能通过某种方法使张仪为秦国所用，必是两全其美的事。于是他暗地派人前去劝导张仪说："你与苏秦相好。现在苏秦正当权，你为什么不去找他？"听了这番话，张仪便到赵国去求见苏秦。可是，苏秦府上的门人却不肯为他通报，原来，苏秦已经告诉门人：一旦张仪前来求见不得为之通报，但又不能让他走了。过了几天，苏秦才肯出来会见张仪。在见面的时候，苏秦叫张仪坐在堂下，赏赐给他奴仆的饮食，并且讥讽他说："以你的才能、怎么会穷困潦倒到这种地步。我实在无法让你富贵，你不值得收留。"

四、苏秦激将　秦王重用

　　本来张仪自以为是苏秦的老朋友，一定会得到他的帮助，所以才前来投奔，可是没想到，不仅没有得到带助，却反受其辱，如何能解此恨呢？考虑了一番，他认为只有秦国才能使赵国陷于困境，于是便去了秦国。张仪走后，苏秦告诉他的舍人说："张仪是天下的谋士，我不如他，所幸的是我先有成就，能够得到秦国权柄的人只有张仪。但是他贫穷，没有门路进入仕途，我恐怕他贪图小利而不肯上进，所以把他召来羞辱、激怒他。你要为我好好地在暗中帮助他。"然后，苏秦请求赵王拿出金币车马，派那个舍人尾随张仪，跟他住在一起，悄悄地接近他，在他需要帮助的时候就给他车马金钱，但从不明说是苏秦指使他这么做的。经过一番上下打点，张仪终于见到了秦惠王，凭借出众的才智被秦王任为客卿，筹划谋略攻伐之事。见到大功告成，苏秦的舍人前来告别。张仪说："全靠你帮助，我才得到了官职，我将来一定报答你，你为什么要走呢？"舍人说："其实我不了解你。了解你的是苏秦。苏秦担心秦国进攻赵国，破坏纵约，他知道，只有你才能得到秦国的重用，所以才故意激怒你，暗中让我供给你路资。现在你已经得到秦国的重用，请允许我回去向他报告。"张仪说："哎呀，我在圈套中却一点也不知道，我真的不如苏秦。况且我刚刚得到任用，哪能图谋赵国，回去替我谢谢苏秦。苏君在位的时候，张仪绝不敢破坏纵约。"

　　次年，秦国仿效三晋的官僚机构开始设置相位，称相邦或相国，张仪出任此职。他是秦国置相后的第一任相国，位居百官之首，参与军政要务及外交活动。从此开始了他的政治、外交和军事生涯。张仪拜相后，积极为秦国谋划。他采用连横术迫使韩、魏太子来秦朝拜，并与公子华（桑）攻取魏国蒲阳（今山西隰县）。又游说魏惠王，不用一兵一卒，使得魏国把上郡十五县，包括少梁（今陕西韩城南）一起献给秦国。秦惠文君十三年（公元前325年），张仪又率军攻取魏国的陕县（今河南陕县）。这样，黄河天险为秦所占有。随着秦国威势的不断增长，张仪辅佐秦惠文君于同年称王，秦国国势日益强盛。

强秦弱楚——张仪

五、巧妙游说秦王

张仪在游说秦王的时候，一向注重语言的艺术。一次，张仪对秦惠王说："我听说这样三句话。第一，实际上不知道而乱讲的，是为不聪明。第二，知道了不讲的，是为不忠，不忠的人应当死。第三是知道了，也讲了，但讲得不详细、不清楚，也该死。"实际上，张仪的意思是遇到什么事我都要详详细细说给你秦惠王听，你不要不耐烦。但是张仪不便也不能这样直说，所以说反面话，如讲得不详细、不清楚当死，最后还加上一句，我把我所知道的利害得失全部说给你听，但是如果错了，甘愿领罪。他这么一说，即使说错了，秦惠王也不好意思责怪他了。短短几句话，就什么都讲到了。这就是说话的艺术。

接下来，张仪向秦惠王把列国的局势分析了一下："天下阴燕阳魏，连荆固齐，收余韩成纵，将西南以与秦为难。他们这种合纵的形势，我觉得可笑，大王请放心，没有什么可怕。世界上有三个大原则，谁违反了其中任何一个，就非灭亡不可，这个人非失败不可。这三个原则是：内政混乱的国家攻打政治修明的国家必然灭亡；以邪攻正必然灭亡；以逆攻顺必然灭亡。"张仪指的是燕、魏、楚、齐、韩、赵这六国，每个国家的内政都很混乱，真正修明政治的只有秦国，因为自商鞅变法以后，秦国打好了政治基础。

张仪再分析天下的局势说："他们这些国家经济不能独立，后勤补给缺乏，把所有的人力都投入到前方备战了。在战场上，拿短刀的兵站在前面，拿斧头、长武器、重武器的在后列，可是这些国家的军队遇到真正的战争，就会逃跑，绝对没有人冒死打仗。为什么呢？说是奖赏，可是不给；对于处罚，也没有彻底去执行。既然赏罚不明，人民就没有责任感，所以就不肯牺牲打仗了。"

张仪回过来头来分析秦国："秦国政治修明，命令贯彻，赏罚分明，许多秦国年轻子弟，因为国家富强、环境舒适，从离开父母的怀抱起，就没有见过敌人，一到战场上精神就来了，看见刀子都不怕，就是烧红的火炭都敢踩上去，死了就死了，愿意牺牲的人多的是。"秦国的老百姓为什么会做到这样呢？张仪说："断死与断生，在人的心里是绝对不同的，'断'就是断然，就是决心。断死就是决心牺牲，断生是决心求生投降，这两种决心是绝对不同的，而秦国的青年之所以会断死于前，是因为他们养成了一种战争责任感，有一种不怕死的精神，能够奋发，非牺牲不可，有个人的牺牲才有国家的强盛。"因此，秦国的士兵可以一个战胜十个，十个战胜一百个，一百个可以战胜一千个，一千个可以战胜一万，一万个可以战胜天下了。张仪接着把秦国当时所处的列国形势、政治环境、地理环境、军事环境等——分析清楚。最后，他说出一个秦国当前所应该采取的措施，实际上也就是张仪自己心里所希望造成的局势。他说："国防的经费那么大，无法打仗，停在那里，士兵都很困顿。经济上慢慢虚空了，国家的农业荒废了，国库都空虚了，结果四邻诸侯不服，称霸于天下是不可能的。秦国之所以到了这个地步，都是文臣武将没有真正尽心贡献意见所致。"

他话说到这里，就是要挑起战争，他希望秦国出战，但是并没有直接告诉秦王，他提到齐国："历史上齐国称霸的时候，向四面攻破了各国，一个命令下来，列国都听他的。南有济水黄河，北有长城作为防线，像这样一个平原国家，各方面受敌，只要打一次败仗，齐国就完蛋了。那个国家的命运注定非打胜仗不可，由此可以看到战争的重要。凡事挖根要彻底，不要留下祸根，但是对于与此事无关的部分，不要轻率地去伤害，伤害了就闯祸。"接着，张仪批评秦国军事策略上的错误："你们一度和荆国作战，破了荆国，拿下了郢，取下了洞庭、五都、江南，荆王也逃亡躲到陈国不敢出来了。这个时候，如果秦国一路追击下去，则整个荆国可以拿下来，拿到了荆国，则秦民可贪、地可利，进而影响东面的齐国、燕国。中间可以驾凌赵、魏、韩等地，秦国就可以一战而称霸天下。而秦国的决策不是这样，反而引军后退，只打有限度的胜仗，跟荆人讲和了。结果，荆人又慢慢恢复了，强大起来了，又变成了秦国的敌人，所以第一个错误就犯下去，不能做盟主——称霸。"张仪接着讲秦国的第二个错误："有一次在北方的战争，秦国已经打到了梁国，把梁的城郭包围起来，已经可以把它拿下来；拿下了梁，魏国就撑不住了；得到了魏国，楚、赵就不会有斗志。赵亡，楚孤，一直下来，就可以称霸天下。结果秦国的谋臣又撤兵回来了，和魏国讲和，魏国又壮大了起来。"第三点，张仪谈到了秦国的内政，张仪说穰侯（秦国的权臣）当政的时候，内政上兵力用得太过分，想用一国的兵力完成两国的事，于是服兵役的人，终年奔波在前线，国内的农业退步了、商业破产了，农村衰落了，这是第三点错误。张仪再分析：赵国的地形也不便利，是亡国的地形，可是赵国在这么不利的情形之下，仍旧出兵打仗。张仪批评秦国当时的谋臣没有尽心负责任，他继续说："其余的国家，看秦国内在的谋臣，外在的兵力，到底有多大力量，都看得清清楚楚，现在国内是这样的情势，而各国又联合起来，秦王应该多加考虑了。"

然后张仪提出建议，先拿武王伐纣的历史来打比方。说动秦惠王，最后的结论，竟以自己的头颅来坚定秦惠王的信心，可见张仪的说话艺术，也可以见到张仪的用心良苦和求信之急了。

六、张仪之"破纵连横"

（一）饰身相魏　计破合纵

连横最主要的目的就是拆散齐楚联盟，孤立这两个可以与秦国争霸的国家。张仪工作的第一步选择了魏国。为了更好地完成使命，张仪去魏国当了相国。

张仪的计划是让魏国先归附秦国，然后让其他各国仿效魏国的做法。但魏王不听张仪的意见。秦王愤怒之下，派兵攻取了魏国的曲沃、平周两城，同时暗中给张仪更为丰厚的待遇。张仪在魏居留了四年后，一直没有什么业绩，直到魏襄王去世，魏哀王即位。张仪感到机会来了，又劝哀王归秦，哀王还是不听。于是张仪暗中指使秦国攻魏。魏起兵与秦作战，被秦打败。

第二年，齐国又起兵攻打魏国，并在观津战败了魏兵。这时，秦军又来攻打魏国，首先战败了韩申差率领的军队，斩首八万，使各国诸侯为之震惊。张仪心想时机成熟了，于是又劝说魏哀王道："魏国的土地纵横不满一千里，士兵不到三十万。地势四面平坦，与各国四通八达，没有高山大河的天险。从新郑（韩国都城）到大梁（魏国都城）不过二百多里路，不论战车还是步兵，都不用花多大力气就能到达。魏国南与楚国交界，西与韩国接连，北与赵国靠近，东与齐国连界，四方都要派兵驻守，这样一算，光守卫边境的士兵就要在十万以上。再说魏国的地势，自来就是战场。如果南边与楚交好而东边不与齐国交好，那齐国就会从东面进攻；和东方齐国友好而不和赵国亲善，那赵兵就会从北面进攻；与韩国不和，那韩兵就会攻魏的西面；与楚国不亲，那楚兵就会侵犯魏的南面，这正是人们所说的四分五裂的格局啊！再说各诸侯国之所以合纵结盟，是想求得国家安全、巩固君王地位、增强军队力量、发扬本国声威。虽然现在各合纵国把天下当做一家，彼此结为兄弟，在洹水之滨杀白马立誓为盟，以坚定彼此的意志。但是即使是同一个父母所生的亲兄弟之间，都会发生争夺钱财的事，更何况加入合纵的国家了。照这种形式看来，合纵成功的可能性就微乎其微了！"

　　"大王您要是不依附秦国，秦国就会出兵攻打河外，占据卷、衍、燕等地，胁迫卫国，夺取卫国的阳晋，于是赵国不能南下援魏；赵国不能南下，那魏也就不能向北和赵国相呼应；魏国和赵国联络不上的话，那么合纵各国之间的交通就会断绝；这样一来，大王您要保全魏国看来是没有希望了。"

　　"现在为大王着想，还不如依附秦国。有了秦国这样强大的靠山，楚国、韩国就不敢轻举妄动；没有了韩国、楚国侵扰的祸患，大王就可以高枕无忧，国家肯定没有什么可以忧虑的事情了。"

　　张仪接着给魏哀王分析："实际上，秦国最想削弱的国家是楚国，而最能削弱楚国的恰恰是魏国。虽然楚国有民富国大的名声，但实际上却很空虚；它的军队人数虽多，但不能打硬仗。我们调集魏国的全部军队南下攻打楚国，获胜是可以肯定的。楚国一旦被割裂，最有利于我们魏国；楚国一旦衰弱亏损，秦国就会高兴。我们用这种方法既转嫁了灾祸，又安定了国家，确实是一件好事啊。大王如不听取我的意见，等到秦国出兵东向攻魏国，那时就是魏哀王您要想投靠秦国，看来都不大可能了。"

　　张仪又开始拆主张合纵的人的台，说他们大多话讲得慷慨激昂，却很少有靠得住的。他们不过是希望说动一国国君，换取荣华富贵罢了。所以他们随时随地都在慷慨陈词，宣扬合纵的好处，以图打动一国的君主，实际上为的都是自己！"

　　道理讲到这里，张仪知道要为自己留一条后路了。于是，他又对魏哀王说出了"众口铄金、积毁销骨"的道理来——"众人的嘴巴可以使铁熔化，众多的坏话能把骨头销毁。我张仪说了这么多，一定会有人在大王面前讲我张仪的不是的。大王一旦听信了他们的话，就一定会责罚张仪。与其被大王责罚，我张仪不如现在就辞职，现在就离开魏国！"

　　魏哀王听了张仪的分析，觉得很有道理，于是便背弃合纵盟约，通过张仪与秦国结好。张仪一回到秦国，仍然做了秦国的相国。三年后，魏国又背叛秦国重新加入合纵。秦国因此出兵攻魏，夺取了魏国的曲沃城。次年，魏国重又归附秦国。

（二） 张仪诳楚

齐楚两国都是强国，并且已经结盟，成为秦国称霸的主要敌人。要打败齐国和楚国，首先必须拆散齐楚同盟。张仪推行弱楚外交，正好迎合秦国战略上的需要。

张仪自告奋勇去离间齐、楚间的关系。传说这与他早年在楚国受令尹昭阳鞭笞的经历有关，似乎不足为信。司马迁在《史记》里说张仪后来在秦国担任相国时，踌躇满志，传檄尹昭阳说："从前我和你饮酒，我没有盗窃你的白璧，你鞭笞我。你善于守护你的国家，我姑且盗窃你们的都城。"张仪为秦取楚城是事实。但是如果他当真受过尹昭阳的侮辱，他岂能轻易放过素有贤名的掌中仇人？春秋战国类似的故事不少，如伍子胥鞭打楚平王的尸首，孙膑断足擒拿庞涓以及范雎受辱索取魏齐的首级等，都是极富戏剧性的例子。

接着再说张仪诳楚的过程。秦惠文王假意免除了张仪的相位，让张仪入楚实施离间计。被秦惠王罢相的张仪，装作满腹委屈、郁郁不得志的样子来到楚国。张仪深知，楚怀王最宠信的权臣是上官大夫靳尚，而靳尚又是贪财好利的小人。于是，张仪一到楚国，便去靳尚处登门拜访，并送去了大量的金银财宝。随后，在靳尚的帮助下，张仪又用同样的方法，买通了楚怀王的其他宠臣，然后才去晋见楚怀王。

张仪的阴谋，在楚国遭到陈轸与屈原的反对，尤以屈原最力。陈轸和张仪本来都是秦惠王的客卿，均受器重又互相妒忌争宠。其后张仪为相，陈轸被排挤出楚国。陈轸对楚怀王的轻信张仪，很不以为然。他对楚怀王说："秦之所以看重楚国，是因为齐楚相亲，倘若闭关绝约于齐，楚国必陷于孤立。秦国是个贪夫孤国，怎么能轻易献出六百里商地？张仪返回秦国，肯定将来会负于楚国，这么一来，楚国与北面齐国断交，而生患于秦，那么两国之兵一定都会赶来消灭楚国。"这次张仪来访，同样引起了屈原的警惕。屈原为楚国三大贵族之一。他才智过人，二十来岁便当了左徒高级谏官，一度得到怀王信任。他的政治主张是对内选贤任能、厉行法制，以改变大臣权力太重、分封太众的局面；对外力主联合齐国，合纵对抗秦国。公元前318年，屈原第一次出使齐国，促成了齐国和楚国联盟，五国合纵拒秦。他和陈轸均认为合纵之功不可废弃。可惜楚怀王惑于张仪之说，听不进屈原和陈轸的意见，竟然厚赂张仪、断绝与齐的外交关系，并且派一名使者随张仪进入秦国索要土地。张仪回到咸阳，佯称下车失足受伤，三个月不上朝。一直到齐国因为与楚国绝交转而结好于秦国时，才开始出面接见楚国的使者，表示愿意以个人食邑六里进献于楚怀王，并责怪楚怀王误听六里为六百里，太看轻了秦国的土地。楚怀王闻报后大怒，发兵攻打秦国。秦庶长魏章迎战于月阳河南丹水与浙汇合处，楚国大将屈匄战死，损失兵力万余。再战于蓝田（今陕西蓝田县境），又大败。秦国夺取楚国丹阳、汉中两地，设置汉中郡。楚怀王再次受骗失地，悔恨莫及。他命令屈原二次使齐，重修旧好。屈原以他的声望和外交才能，说服齐宣王以抗秦大局为重，重新与楚和好。此时陈轸奉命出使韩国，间道至秦，为秦惠王挽留任用。公元前311年，秦国再次攻打楚国，夺取召陵（今河南堰师县）。秦王遣使赶赴楚国，表示愿归还半个汉中与楚国修好。楚怀王提出只要张仪，不要土地。张仪立即向秦惠王请命前往。他说："秦强楚弱，臣奉王之节出使楚国，楚国怎么敢加害于我。"而且上官大夫靳尚私受重贿，他买通楚王宠妃郑袖，而郑袖的话，楚王无不听从，所以张仪自信将不辱使命。张仪到达楚国，立即成为阶下囚。靳尚果然以"张仪被拘必将激怒秦王，天下看见楚国没有了秦国这个靠山，必定会轻视楚国"为由，又以"秦王将嫁美女于楚而夺其宠"威胁郑袖，劝说她设法释放张仪，以换取张仪阻止秦王嫁女之举，并得到秦王的支持。楚怀王经不起郑袖迷惑，竟然又接见张仪，还待之以礼。张仪于是大肆吹嘘秦国如何强大，诋毁合纵者的主张是"危亡之术"，都是"饰辩虚辞，高主之节，言其利而不言其害"的不良之辈，他们的作为与驱赶羊群去攻打猛虎一样，楚国不与猛虎联盟而和群羊为伴，极为危险。又说"凡是天下的强国，不是秦国就是楚，不是楚国就是秦国，两国竞争，其势不两立"，这等于两虎相搏，获利者将为韩、

魏。他建议楚国"举宋而东指，则泗上十二诸侯尽王之有也"。至于秦、楚，不但是近邻，而且世代相亲。他提议两国交质太子，他愿"请以秦女为大王箕帚之妾，效万室之都以为汤沐之邑，长为昆弟之国，终身无相攻伐"。怀王为之心动，打算满足张仪的要求。屈原再次挺身而出，竭力反对。他对怀王

说："之前大王被张仪所欺骗，张仪到了楚国，臣以为大王会杀张仪，现在竟然不忍心杀他，又听从他的邪说，绝对不可以。"楚怀王则认为"答应了张仪而得到黔中地区，是件美事，然后再食言，是不可以的"，最终还是与张仪达成了协议。

公元前 278 年，秦大将白起攻楚，取郢，将楚先王陵墓焚烧殆尽，秦置南郡固守。楚国从此一蹶不振，国都不得不东迁于陈，即春秋时为楚所灭的陈国（今河南淮阳县境），丧失了大国地位，两国并立的时代结束了。屈原此时被流放至洞庭湖畔，听闻国都沦陷，痛心绝望，写下《哀郢》名篇："哀故都之弃捐，宗社之丘墟，人民之离散，顷襄之不能效死以拒秦。"最后写下《惜往日》绝命辞，抱石自沉汨罗江辞世。

张仪的弱楚外交之所以得逞，主要是凭恃秦国强大的实力而采取欺诈蒙骗的手段。屈原的联齐政策之所以再三失败，并非他的外交才能不如张仪，而是与当时形势，尤其是楚国内政腐败有关。司马迁在评论这一历史事件时，一方面颂扬屈原，同时批判楚怀王"不知忠臣之分，所以在内被郑袖迷惑，在外被张仪欺骗，疏远屈原而信任上官大夫、令尹子兰。军队被打败、土地被掠夺、损失六郡，自己客死秦国，被天下人所耻笑。这是不知人善任而导致的灾祸啊"。所以，知人善任才能振兴国家，这是多么深刻的历史教训。

张仪诳楚之后，又奉命出使韩、齐、赵、燕、魏，以类似对楚、韩的说法，灭各国志气、长秦国威风，极尽威逼利诱之能事，说服各国连横亲秦。

（三）去楚访韩

张仪从楚国回来后，又顺道去了韩国，因为他熟知各国要害所在，同样能娴熟地运用威逼、利诱两手。张仪对韩襄王说："韩国地势险恶，生活在山陵之中，生长的五谷不是豆类就是麦子，且一年没有收成，人们连糟糠都吃不上。韩国纵横不到九百里，没有储存两年的粮食。估计大王手下的军队，不足三十万，其中还包括杂役人员在内。除去守卫边界亭堡的兵士外，现成的可供调动的最多不过二十万罢了。秦国的军队有一百多万，战车千辆、战马万匹、勇猛的兵士不戴头盔踊跃奔杀、弯弓射敌、持戟冲锋的，多得数不清。秦军战马精良，士兵众多，马的前蹄飞腾、后蹄猛蹬，速度快到前后蹄之间一跃可以跨过三寻的，同样不可胜数。山东六国的军队盔甲齐整地与秦军会战，秦军脱掉盔甲袒臂赤足来迎敌，个个左手提人头，右手挟俘虏。秦兵与山东六国的士兵相比，好比勇士孟贲与懦夫；以重兵相接触，好比力士乌获和婴孩。用孟贲、乌获那样的军队作战，攻打不肯降服的弱国，与把千钧重力直接压在鸟卵上面没什么不同，肯定没有能够幸免的了。各国的君臣们不考虑自己国土的狭小，却去听信宣传合纵的人的甜言蜜语，他们结成朋党，互相吹嘘，个个慷慨激昂地说：'听了我的主意便可以在天下称强称霸。'像这样不顾及国家的长远利益而听信一时的谬论，贻误国君，没有比这更严重的了。大王不归附秦国，秦就会发兵占据宜阳，截断韩国的上党地区，再东取成皋、荥阳，那么鸿台之宫、桑林之苑就不再属于大王所有了。要是阻塞了成皋，截绝了上党地区，那大王的国土就要被分割了。早归附秦国就安全，不归附秦国就危险。如果制造的是祸端却想要得到福报，计虑粗浅，结怨很深，违背秦国而顺从楚国，要想国家不亡，那是不可能的啊。所以我为大王着想，您还不如为秦国效劳。秦国最大的希望是削弱楚国，而最能削弱楚国的就是韩国。不是因为韩国比楚国强大，而是由韩的地势决定的。现在大王向西臣事秦国，进攻楚国，秦王必然高兴。攻打楚国有利于韩国扩大领土，转移了祸患，取悦了秦国，没有比这更好的主意了。"

韩襄王听从了张仪的主意。张仪回秦作了汇报，秦惠王听取张仪归报，甚为赏识，封赐五邑，号武信君。从此张仪更是趾高气扬。

（四）张仪访齐

不久，秦惠王又派遣张仪向东出使齐国。张仪对齐湣王说："天下的强国没有能比得上齐国的，齐国的大臣百姓尽都富裕安乐。但是为大王出谋划策的人，全都是行的一时之计，不顾及百世的利益。主张合纵的人向大王作宣传，必定会说'齐国西面有强盛的赵国，南面有韩国与魏国。齐国是个滨海的国家，地广人多，军强兵勇，即使有一百个秦国，也将拿齐国无可奈何'。大王认为这种说法正确，但没有考虑它不合实际。主张合纵的人拉帮结派，没有人不吹嘘合纵的好处。我听说，齐国与鲁国三次交战，鲁国三次获胜，但随着胜利而来的是国家的危亡，虽然有战胜的名声，但带来的是亡国的现实。这是什么原因呢？因为齐国强大而鲁国弱小啊！现在的秦国对于齐国，就好比齐国对于鲁国。秦、赵两国在漳水之滨交战，赵军两战两胜；在番吾

城下交战，赵军又两次胜过秦军。这四战之后，赵国阵亡的兵士有好几十万，只剩下首都邯郸还得幸存，虽然赵国有战胜的名声，然而国家已残破了。这是什么原因呢？秦国强而赵国弱啊！现在秦、楚两国之间嫁女娶妇，成了兄弟国家。韩国献出宜阳，魏国献出河外，赵王到渑池朝见秦王，割让河间来臣事秦国。大王如不归附秦国，秦驱使韩、魏两国进攻齐国南部地带，全部赵国军队渡过清河直奔博关，临淄、即墨两城就不会属于大王所有了。齐国一旦被攻，那时就是想要附秦，也已经不可能了。因此希望大王好好考虑一下这件事吧。"齐王听了直点头，便采纳了张仪的建议。

（五）张仪访赵

张仪离开齐国之后，又直接向西到达赵国，拜见赵王说："我们国君派我为使臣，向大王进献一条策略。大王为首收罗、率领天下诸侯来对付秦国，使秦兵不敢出函谷关达十五年之久。大王的声威遍播于山东，我们秦国恐惧屈服，整治武器和兵车战马，练习骑射、勤力耕作、积蓄粮食、闭守国门不出，战战兢兢，不敢有轻举妄动，只因为大王您有意和我们过不去。现在依靠大王的督促，秦国已攻占巴蜀、吞并汉中、囊括两周、迁移九鼎，据守白马津渡。秦国虽然偏僻边远，然而内心的愤怒已有很长时间了。眼下秦国有一支破破烂烂的军队驻守在渑池，准备渡过漳水，进占番吾，与赵军在邯郸城下相会，希望在甲子那天会战，以此来重演周武王伐纣的旧事，特别派我作为使臣预先来恭敬地告知大王。总地说来，大王之所以缔结合纵盟约，是因为仗着有苏秦。苏秦用漂亮话迷惑诸侯，颠倒是非，企图倾覆齐国，结果使自己在刑场上被车裂。

这样，天下不可能联合为一也就很明显了。如今楚国与秦国结成了兄弟国家，韩国与魏国自称为秦国东边的藩属，齐国向秦献出盛产鱼盐的领土，这就断了赵国的右臂。一个断掉了右臂的人与别人相争，结果可想而知。现在秦王派出三个将军：其中一支军队截断午道，通知齐国派兵渡过清河，驻扎在邯郸的东面；一支军队驻扎在成皋，驱使韩国和魏国的军队驻扎在河外；一支军队驻扎在渑池。这四国结为一体来进攻赵国，赵国被攻破后，它的国土必定会被四国分占。因此我不敢隐瞒这种意图，先给大王通个口信。我替大王着想，你不如与秦王在渑池相会，面对面亲口约定，请他按兵不要进攻。希望大王拿定主意。"

赵王说："先王在时，奉阳君专权擅势，蒙蔽欺骗先王，独断一切政务，我的生活归师傅安排，没有参与国家的大计。先王去世时，我年龄幼小，做主治国的时间才刚刚开始，内心本来就暗自怀疑，认为一意投入合纵盟约而不依附秦国，不是赵国的长远利益。所以我准备改变主意，割让国土弥补以前的过错，归附秦国。正待安排车马启程时，恰好听到了您的英明指示。"赵王答应了张仪以后，张仪便离开了赵国。

（六）张仪访燕

张仪北行到燕国，对燕昭王说："大王所亲近的莫过于赵国吧。过去赵襄子曾经让他姐姐嫁给代王作妻。后来他想要吞并代国，邀约代王在句注山的要塞相会。他先令工匠制作了金斗，把金斗的尾部做得很长，使它可以用来袭击别人。赵襄子在与代王饮酒时，悄悄吩咐厨子说：'趁着酒饮得酣畅高兴的时候，你送去热汤，然后掉转金斗袭击代王。'于是在酒饮到酣畅高兴之时，上热

汤了，厨子送上汤勺，随即将金斗倒转过来打死了代王，代王的脑浆流了一地。赵襄子的姐姐听到这个消息，便磨快头上的金簪自刺而死，所以到现在就有了'摩笄山'这个名称。代王的死因，天下没有不听说的。"

"赵王如此狠毒，连亲戚都不放过，大王您看得很清楚，又怎能把赵王当做可以亲近的人呢？赵

中国古代谋士

国起兵进攻燕国，两次围困了燕的都城要挟大王，迫使大王割让了十座城来谢罪。现在赵王已经到渑池朝见秦王，献上河间一带给秦国。现在大王如不归附秦国，秦国就会发兵到云中、九原，驱使赵国进攻燕国，这样一来，易水、长城就不再属于大王所有了。"

"再说现在的赵国对于秦国而言，好比秦的一个郡县而已，不敢妄自兴兵打仗。目前大王如依附秦国，秦王必定高兴，赵国又不敢轻举妄动，这样燕国西面有强大的秦国为援，同时南面没有齐国、赵国的侵犯，所以希望大王慎重地考虑这件事情吧。"

燕王说："我像蛮夷一样处在偏僻地区，虽然是个大男子，但好像一个婴儿，说的话不值得作为正确的意见看待。今天幸承贵宾指教，我愿意西向依附秦国，并献上恒山末端的五座城池。"燕王听从了张仪的意见。连横至此形成。

七、巧施连环　避祸于魏

周赧王四年（公元前311年），当张仪游说东方诸国大功告成、欣然返秦时，一件不幸的事情发生了——秦惠王去世了。张仪顿时如冷水浇头、万分沮丧。他深知，继位的武王自做太子时就讨厌自己，朝中群臣见他在惠王面前备受恩宠早已妒忌万分，如今武王继位，自己恐怕要凶多吉少了。果然，张仪一回到秦都咸阳，便成了众矢之的。群臣纷纷乘机进谗，说道："张仪为人没有诚信，左右卖国以取荣。如果仍任用他为相国，恐怕大王您会被天下人耻笑了。"各国诸侯听说张仪与秦武王不睦，都感到连横亲秦之举前途黯淡，又都背叛连横之约，纷纷实行合纵的外交政策。

于是，秦国众臣借机更加诋毁张仪，把诸侯疏秦之举全归罪于张仪。齐国此时又落井下石，特派使臣前来责备张仪。内攻外扰，步步紧逼，大有不杀张仪誓不罢休之势。张仪失去政治靠山，面对目前岌岌可危的形势，看出秦国已不宜久留，如不知难而退，迟早要招致杀身之祸。于是，他左思右想，陡生一计。他对秦武王说："大王，最近一段时间，东方各国均无战事，友善相处。依臣看来，这对我们秦国是非常不利的。因为，只有东方各国兵戎相见、战火不断，我们秦国才可以乘机割占更多的土地。"

秦武王继位以来，一心想扩大疆域，以显示其大有作为，只是苦于没有可行的良策。今见张仪提及，知其有打算，顿时来了兴致，忙问："依你的意见呢？"

张仪说："我听说齐王最恨张仪，张仪在何处，齐王必会兴兵讨伐他。因此，我愿意以不肖之身前去魏国，齐国必定会兴师讨伐魏国。齐、魏两国一旦

交战，大王便可以乘机讨伐韩国，进入三川，出兵函谷而不进攻其他国家，只逼近周京，周朝的祭器就会交给大王。到那时，大王就可以挟持天子以令诸侯，成就帝王之业！"

秦武王信以为真，不胜欢喜，立即表示赞同，并且出动了三十辆兵车，隆重地送张仪去魏

国。张仪手持秦王的符节，一扫近来的沮丧而有些春风得意了。张仪并非得意忘形之人，这不过是他故作姿态以掩饰内心的落魄而已。

张仪一到魏国，齐国果然兴师讨伐魏国。魏襄王惊恐不安，觉得因张仪而使魏国无端受害，实在不值得。有意让张仪离开魏国回归秦国，又觉得此话不好开口。正在焦灼万分、左右为难之际，张仪不请自到，主动拜见魏襄王说："大王，您恐怕正在为齐国动兵之事担忧吧？大王您不要担心忧虑，不需要大王的一兵一卒，我即刻让齐国罢兵。"魏襄王将信将疑，但见张仪如此胸有成竹，又对退兵之计如此讳莫如深，尽管心里惴惴不安，但还是同意了张仪的主张，于是说道："退却齐军之事，全仰仗先生您了。"

原来，张仪早已派出家臣冯喜，让他先赶赴楚国。等到齐国对魏发兵的时候，冯喜已经以楚国使臣的身份出现在了齐王的面前。

冯喜对齐王说："据我所知，大王十分痛恨张仪。但是，大王因为他在魏国就攻打魏国，这恐怕反倒救了张仪啊。"齐王不解，问其中的缘故。冯喜便把张仪与秦武王所定之计和盘托出，然后说道："如今张仪进入魏国，齐王果然立即发兵攻打魏国，这是大王对内消耗齐国国力而对外讨伐联盟邦国，并使秦王深信张仪之谋。这难道不是在帮助张仪吗？"齐王觉得言之有理，心里叹道："张仪呀，张仪，我又险些中了你的奸计！"于是罢兵而去。

魏襄王忽闻齐国偃旗息鼓，自行撤兵，当然是不胜惊喜，对张仪越发宠信百倍，甚至还让他担任了相国。然而，张仪相魏仅一年，便于周赧王六年（公元前 309 年）死于魏国。至此，一代纵横家张仪的历史画上了句号。

八、张仪的历史地位和影响

（一） 时势造英雄

战国二百多年封建割据战争的历史，就其发展历程来看，大致可以分为两个阶段，即公元前341年齐魏马陵之战以前，基本上是以东方六国矛盾对立所体现的在东方国家之间无休止的混战，以后便逐步转变为列国间合纵连横的战争。这一战争形势转变的关键，便是齐魏马陵之战，齐国大胜魏国，以及接踵而来的齐、赵、秦三国多次给予魏国的致命打击与楚国的趁火打劫。正如梁惠王对孟子所说："晋国指魏国天下莫敌的强大国家。及寡人之身，东面败于齐国，长子死焉，向西丧失土地秦七百里，南面受楚国之辱。"这样就根本改变了战国初六七十年间魏国作为天下莫敌的强大国家的形象。

马陵之战后，魏惠王以"军队多次被秦国打败，国库亏空，国家每况愈下，所以派遣使节割让河西之地与秦国讲和，而魏国于是离开安邑，迁都大梁"。因此，在这魏国日削，秦国向东扩张的门户洞开，而且随着东进得势，兼并野心日益暴露，东进势焰日益咄咄逼人的情况下，不仅来自秦国的实力威胁，首先直接关系着韩、赵、魏三晋国家的安危与存亡，也关系到齐楚在中原地区扩张的利益。就是地处僻壤的燕国，也不免有唇亡齿寒的感受。如顿子所说"韩国是天下的咽喉，魏国是天下的胸口"。苏秦也说"韩国和魏国，是赵国南面的庇护""秦国没有韩魏之蔽护，那么灾祸必中赵国了"，并劝说燕文侯道："燕国之所以不触犯外敌，是因为有赵国为燕国在南面蔽护着。"劝说楚威王道："秦国之所以害怕楚国，是因为楚国强大则秦国弱小，秦国强大则楚国就弱小，秦国与楚国二者势不两立。"又周子对齐王说道："对于齐国、燕国两国来说，赵国是它们的庇护，就好像牙齿有嘴唇保护一样，嘴唇没有了，那么牙齿就感到寒冷，今天如果赵国灭亡了，那么明天就会轮到齐燕两国了。"总之，自齐国和魏国马陵战争之后，随着魏国实力的日益削弱，相反的则是秦国实力日益强大，东

进野心日益暴露，这就势必引起秦与东方国家的矛盾日益尖锐，与此同时，由于东方六国之间存在着根本的矛盾冲突以及东方各国与秦国的矛盾事实上存在着差别，即不同程度的利害冲突，因而也就反映为列国或纵或横的极其复杂、极其微妙的外交关系和军事行动。这就是战国年间合纵连横出现的基本形势。在此形势下，涌现了一大批政治、外交活动家，即当时所谓的纵横说士，时人誉之为"大丈夫"。张仪与苏秦就是这些纵横家的主要代表人物。他们有着过人的才智，对于列国纵横战争新形势有深刻的分析，对各国的政治、经济、军事与历史都有深入的了解与掌握。他们纵横捭阖，游说各国，"度时君之所能行，出奇策异智，转危为安，运亡为存"，其事迹"亦可喜，皆可观"。他们是列国政治、外交活动的风云人物。正如景春对孟子所说的那样，是"一发怒而天下害怕，他们安居乐业而天下太平"，叱咤风云，不可一世，对列国割据兼并战争、形势的变化与发展，产生了巨大的作用和影响。司马迁说过："苏秦合纵六国，秦兵不出函谷关者十五年。"

（二）张仪的外交成败

张仪，是战国时期著名的政治家、外交家和谋略家。曾两次担任秦国的相国（丞相），主要政绩是在秦国倡导"连横"政策，以对付其余六国的"合纵"抗秦联盟。

张仪连横亲秦的重点在于弱楚，从外交战略的高度来说，这一构想虽然是对合纵战略的必然反应，还算是高明的。然而他弱楚的手腕，主要靠贿赂收买和诡计欺骗，就显得十分卑劣了。"兵不厌诈"是指行军作战而言，外交则重信义。张仪的外交战略固然成功了，而其外交手段却是低下的。

张仪的为人，从他如何处理同事关系就可以看出来。当时与张仪共事的秦国名臣，有陈轸、公孙衍、樗里疾和甘茂等人。张仪为了排挤陈轸，竟暗地里对惠王说他奔走于秦楚之间，极得楚王赏识。尤其恶毒的是，张仪诬陷陈轸经常把国情告诉楚国，因此不能与他一起共事，请求大王驱逐他。等到他到楚国，请大王杀他，逼得陈轸不得不离开秦国。张仪与公孙衍都是魏国阴晋（今陕西华阴县东南）人，但他对公孙衍毫无乡谊，而是心怀妒忌，以种种卑劣的手段迫使公孙衍出走。他死后，公孙衍回到咸阳，一度为秦相。

张仪与樗里疾有过节，也是想要除去樗里疾才甘心。樗里疾原是王族显贵，也是屡建战功的封君，张仪已居相位，竟不惜谗言中伤，设计陷害。他派樗里疾出使楚国，却又暗地里告知楚王留樗里疾为相。同时对秦惠王说，因看重樗里疾才委以重任，不料他到了楚国，竟对楚王说，如果要使张仪在秦失宠，愿为之效劳。楚主自然愿意，所以派人来要求将樗里疾留为楚相。若是答应了，樗里疾必以国事楚。秦惠王因此非常生气。弄得樗里疾不但完不成出使楚国的任务，而且不得不出走逃亡。张仪与甘茂也因争高低而失和。

司马迁为张仪立传，也说张仪为人比苏秦恶劣，苏秦之所以独蒙恶声，与张仪揭露苏秦的短处来扶持自己的学说有关。张仪死在苏秦之前，不可能在苏秦死后诋毁苏秦，对苏秦极尽谩骂之能事，显然是张仪的门徒。司马迁说张仪是"倾危之士"，的确是盖棺定论。

谋略，中国古代文化又称为纵横之术、长短之术、勾距之术。战国中后期，秦国经过商鞅变法，国力日益强盛，不再甘心居于一隅之地，遂把侵略的矛头指向东方。马陵之战后，齐国代替魏国成了中原地区的霸主。这样，秦、齐都以向中原地区扩张作为自己的主要发展方向，已有的混战局面更为错综复杂。处在东西二强夹缝下的韩、赵、魏三国为了图谋自存，联合起来，并且北连燕、南接楚，东抗齐或西抗秦，称为"合纵"，也就是"合众弱以攻一强"；如果弱国被齐国或秦国拉拢联合，进攻其他弱国，就被称为连横，就是"事一强以攻众弱"。战国晚期，乐毅破齐，齐国一蹶不振；长平之战，赵国严重削弱，秦国取得了对东方六国的绝对优势。合纵连横政策也就包含了新的含义：即东方六国并力抗秦，称为合纵；秦联合东方某一弱国对付其他弱国称为连横。于是，

一批对当时各国家政治形势非常娴熟、善于辞令和权术、从中获取功名利禄的说客应时而生，史书上称他们为"纵横家""谋略家"。而纵横也好，长短也好，勾距也好，策士也好，谋略也好，统统都属于阴谋之术，以前有人所说的什么"阴谋""阳谋"，并不相干，反正都是谋略，不要把

中国古代谋士

古代阴谋的阴，和"阴险"相连，它的内涵，不完全是这个意思。所谓的阴，是静的，暗的，出之于无形的，看不见的。

张仪在商鞅变法的基础上，"外连衡而斗诸侯"，与秦国的耕战政策相配合，运用雄辩的口才、诡谲的谋略，纵横捭阖，游说诸侯，建立了诸多功绩，在秦国的政治、外交和军事上成为举足轻重的人物。他在风云多变的险恶环境中，凭借外交手段，采用连横策略，使秦国的国威大增，在诸侯国中产生了巨大的威慑作用。张仪凭借着高超的智谋和说辩之术，瓦解了苏秦生前所创的六国合纵。在他死后，虽然六国背离连横，恢复合纵的情况，但是已无法持久。可以说，张仪的连横之术成了后来秦灭六国、统一天下的基本战略。

对于张仪的一生，历来褒贬不一，其不讲信义、气量狭小的人格为人所不齿，但其审时度势、运筹帷幄、出色的才能和过人的勇敢又被人所称道。张仪虽然用阴谋欺骗了楚国，可是在战国时代特定的历史环境下，这又无可厚非，因为那本来就是一个"贵作力而少信义"的时代。反倒是贪利忘义的楚怀王，为后人留下了千古笑柄。见利心喜，不识大体，无论是个人交往，还是国与国之间的交往，这等人最终只能是自求其败，古今一也。张仪的历史作用在于为秦最后统一中国排除了楚国这一大障碍，其积极意义是显而易见的。

所以，史家称张仪"瓦解纵约势如破竹，组织连横节节成功"，"为秦国逐步统一中国的事业做出了历史性贡献"。

纵横捭阖——苏秦

苏秦,字季子,东周人。他出身农家,素有大志,相传曾随鬼谷子学习纵横捭阖之术多年。他苦读太公《阴符经》之时,每逢困乏欲睡,便用锥自刺其股,这就是成语"悬梁刺股"中"刺股"的由来。他游说各国诸侯,凭借卓越的口才,使得中原六国的诸侯合纵亲善,共同对付强大的秦国,他因此成为中国历史上唯一一个同时身挂六国相印的人和一代著名纵横家。

一、刺股求学

"头悬梁，锥刺股"的故事大家都听说过。这个故事被作为刻苦学习的代名词，已经在民间流传了几千年。这个用锥子刺腿发奋学习的人，就是东周时代的名人苏秦。

苏秦是东周洛阳人，也就是今天的河南洛阳。他出生于农民家庭，祖祖辈辈都靠种地为生，生活也很贫穷。苏秦兄弟五人，他排行最小，所以他的字叫做季子，季就是末尾的意思。

苏秦生活的年代，是中国历史上的战国时代。当时各诸侯国之间龙争虎斗，风云际会，都想兼并其他诸侯国，扩张自己的地盘，忙得不亦乐乎。为此各国国君都想招揽人才，想依靠有学问的士人为他们的争霸事业献计献策。这些士人就想趁此机会到各诸侯国那里，去游说那些国君，想凭借自己的三寸不烂之舌来博取功名厚禄，从而成为有权有势的人。苏秦的几个哥哥，像苏代、苏鹄等都是依靠自己的口才，赢得了国君的信任。当时的人们把这些依靠口才混饭吃的士人称为纵横家。苏秦很羡慕他的几个哥哥，受到他们的影响，从小就立下了远大志向，要发奋读书，将来也要像哥哥一样，依靠自己的学问出人头地。等到苏秦长大后，他一个人来到齐国，拜当时一个很有名的大纵横家鬼谷子为师，学习兵法和纵横之术。

鬼谷子也算得上是一个很负责任的老师了，对苏秦关怀备至，毫无保留地将自己的平生所学，无私地传授给了他。一晃几年过去，鬼谷子觉得苏秦在他这里待的时间也够长了，学得也不少了，是该让他下山的时候了。

告别的时候，鬼谷子对苏秦说："你在我这儿好几年了，我的本事也全部教给了你，你下山以后，想依靠什么样的事业去谋生啊？"苏秦说："我想去游说列国，希望能得到某个诸侯的赏识，将来也好荣华富贵。"鬼谷子摇摇头说："当今这个世上，像我这么有学问的人真不多啊。你也算得上天下最有学问的人了，要是潜心求学，就凭你的聪明才智，在哪都会混得有模有样，何苦为了尘世间那些功名利禄，甘愿做那些国君的下人啊。"苏秦并不认同鬼谷子的观点，说："师傅，我们听说好木材不能白白地朽掉，宝剑不能天天藏在剑鞘里头。时光流逝，时不我待啊。人的生命太短暂了。现在趁着我年轻，跟师傅您学了这一肚子的本领，正是

要去建功立业、流芳百世的时候。这才是大丈夫的作风!"鬼谷子说："你还年轻，有这样的志向是应该的。既然这样，为师也就不说什么了。你说要周游列国，游说各国诸侯，为师也不阻止你。你要走了，我这个做老师的也不知道送什么给你，这本书就送给你，留作纪念吧。"苏秦接过书来一看，原来是姜太公写的《阴符经》。苏秦就问："师傅，这本书，您已经教过我了，再说弟子已经背得滚瓜烂熟了，现在你还要送给我，有什么用吗?"鬼谷子说："我虽然教过你，但是这本书里面的东西是很深奥的，你还没有真正理解其中的道理啊。现在你拿去，以后有时间就好好看看，会对你有帮助的。好了，别的我也不多说了，你回去吧。"苏秦就对鬼谷子鞠了三个躬，离开了他求学多年的地方。

苏秦在鬼谷子那儿学业完成之后，就回到了东周。他去拜访了有名无权的东周国君周显王，想留在东周朝廷里做官。周显王看苏秦聪明伶俐，能说会道，也想把他留下来。但是左右的贵族官宦们都瞧不起出身贫贱的苏秦，整天挖苦他。苏秦觉得要是天天这样那就太没前途了，于是悻悻地离开了东周皇宫。

出了东周的皇宫，苏秦想，当今天下最强大的国家就是秦朝了，秦国吞并其他各诸侯国是早晚的事。要是能够得到秦王的重用，这一辈子就没有什么可担忧的了，自己的志向也算完成了。而且苏秦还听说秦国国君秦孝公正在主持变法，正是需要人才的时候，苏秦认为机不可失，时不再来，于是昼夜赶路来到秦国。但是到了秦国，苏秦才知道支持变法的秦孝公已经驾崩了，主持变法的商鞅也被车裂处死，现在新即位的国君是秦惠文王。苏秦也搞不清楚这个秦惠文王是怎样的一个人，不管怎样，他还是决定先去见见再说。

苏秦见到了秦惠文王后，对他说："大王您看秦国四面都有天险，有崤山护着，有渭水保护着，西面有汉中，东面有函谷关和黄河，南面有巴郡和蜀郡，北面有土地和马匹，这也算是个天然的富庶区了。"秦惠文王皱皱眉头说："你小子到底想说什么啊?"苏秦作了个揖，眉飞色舞道："要是大王您看得上我苏

秦，要我留在您身边，为您献计献策，仗着咱们秦国地大物博，人口众多，再培养出一支军事过硬的武装部队，那么称霸天下、实现国家统一大业，还不是小菜一碟。"秦惠文王冷笑道："先生你可真会开玩笑。你的主意虽好，可是没有办法实施啊。你看我们秦国，前些日子被那个商鞅变法弄得鸡犬不宁，老百姓都怨声载道的，对我们王室很不满啊。现在国内的政治局势也不太稳定，秦孝公给我留下的是个烂摊子，很多事都要从头开始。这就像一只小鸟，羽毛还没有长好，怎么能够展翅高飞呢？先生还是请回吧。"其实秦惠文王说得也很有道理，秦国刚刚处死了主持变法的商鞅，秦人对过来游说的人都很厌恶和反感。秦惠文王不想留用苏秦也是有理由的。

但是苏秦还以为是自己的工作没有做到家，回到客栈还不死心，天天写文章，为秦国统一天下出谋划策，一连给秦王递了十几封信。可惜秦惠文王是铁了心不理苏秦，递到他手里的信件都石沉大海了。苏秦左等右等，也不见秦王回信，眼看着到秦国就快一年了，身上带的盘缠也快花光了，只好打道回府，回家再说。从秦国回家的路上，苏秦饱受折磨。一路上他穿着草鞋，打着绑腿，挑着行李，整天风餐露宿，忍饥挨饿。等到了家里，他是又黑又瘦，面容憔悴，活脱脱就是一个乞丐。

看到苏秦这样狼狈地回到家里，他的父母把脸背过去，当做没看到他。他的妻子正在织布，见到久别的丈夫归来，连织布机都不下。万般无奈之下，他到厨房去求嫂子给口剩饭吃。没想到嫂子连口剩饭都不给。

遭到家人的冷遇，苏秦非常伤心。他唉声叹气地说："父母不把我当儿子了，妻子不把我当丈夫了，嫂子也不把我当小叔子了。这都怪我苏秦没本事啊。"不光家里人看不起苏秦，连邻居们也都笑话他："咱们这庄稼人要不就是做些小生意养家糊口，要不就是安安稳稳地在家种地。没有谁像苏秦那样想靠一张嘴过日子的，他现在混到这个地步，连家里人都看不起他，真是活该啊！"

苏秦听到这些话，心里很惭愧，恨不能找个地缝钻进去。但是他并没有因此气馁，而是深信依靠知识能够改变命运。

什么样的知识才能学以致用，改变自己的命运，苏秦昼思夜想，反复琢磨。终于悟出了这样一个道理——只有得到君王的赏识，才能受到重用，而要想得到君王的赏识，就得学会揣摩君王的心意。只有知道那些君主们心里想什么，才能够对症下药啊。可惜的是能够传授这样技能的书实在是太少了。

苏秦想到了告别师傅鬼谷子时，师傅赠送的兵家名书《阴符经》。他又重新翻阅了一遍，才明白师傅的良苦用心：弄懂此书之日，就是出头之时。于是他日夜伏案攻读此书，感到困倦了就用冷水洗洗头。还把锥子放在身边，瞌睡了就用锥子猛扎自己的双腿，清醒过来之后再继续读书。这就是为后人所传诵的苏秦"锥刺股"的故事，还被写进了《三字经》，苏秦因此成为发奋读书的楷模。

功夫不负有心人，一年后苏秦的学问大有长进，揣摩他人心意的功夫也提高了不少。苏秦认为自己再去游说各国肯定没什么问题了。但是自己这一年来还是没攒下什么钱，只好硬着头皮再向家里人要些盘缠。可是家人不肯相信他，没有一个人肯借给他一分钱。苏秦只好对家里人说：实话告诉你们，这一年来，我苏秦可不是白吃饭的，读的书和以前的都不一样，这次出去肯定能够成功，要是再和上次一样我就不回来了。要是我成功了，那么天下的金银财宝只要我一伸手就有人给我送来。你们要是凑点钱给我，等我发了财，我一定会十倍百倍地偿还给你们。看到苏秦信誓旦旦的样子，家里人也半信半疑的，最后又凑了些钱给苏秦。苏秦再一次踏上了游说各国的道路。

二、合纵亲善

周显王三十六年的时候，苏秦来到了东方的赵国，当时的赵国国君赵肃侯对苏秦倒是没什么意见，觉得苏秦能说会道，是挺伶俐的一个人。但是赵肃侯的弟弟奉阳君却不大喜欢苏秦，觉得苏秦那套只不过是夸夸其谈，纸上谈兵，没有什么实际用处。因为当时奉阳君是国相，朝中大权掌握在他手里，所以赵肃侯也没有办法。苏秦也觉得在赵国待下去没有什么前途，还是出去另寻他路吧。

苏秦认真研究了一下时事，认为赵国北面的燕国倒是一个好的去处。燕国在战国七雄当中地盘最小，实力最弱，而且它的强邻齐国和赵国早就有把燕国吞并的野心了。当时在位的燕国国君是燕文侯，为了能够在列国争霸中占有一席之地，燕文侯立志要求贤兴国。他任命郭槐为军师，筑起了一个黄金台，置千金于台上，大张旗鼓地实行招纳贤才的战略。苏秦意识到这是个绝好的机会，心想我苏秦大小也算个有学问的人，应付燕文侯还是绰绰有余的。

苏秦来到燕国，果然受到了空前的礼遇。燕文侯对苏秦十分重视，亲自到郊外去迎接，还盛宴款待了他。苏秦感动得泪眼婆娑——出来这么久了，还没有一个人像燕文侯这么看得起他。俗话说士为知己者死，为了报答燕文侯的知遇之恩，苏秦决定倾其所能，为燕文侯出谋划策。酒足饭饱之后，苏秦对燕文侯说："大王，就让我苏秦给您谈谈天下的局势吧。"燕文侯说："先生也知道我们国家的情况，国家小，人口也不多。我也知道落后就要挨打的道理，可是我们燕国实在是太弱小了，我自从当上这个国家的国君之后，天天想着怎样才能不被敌国欺负。既然先生来了，还望先生赐教。"苏秦摆摆手说："大王这番话真是灭自己的威风，长别人的志气，我倒和你的想法不太一样。你们燕国

地盘是小一些，但是地理位置优越。你看燕国东边是朝鲜和辽东，北面有林胡和楼烦。西面是云中和九原，南面是滹沱河和易水。国土面积虽然不大，但是也有千余里；士兵虽然不多，但是还有个十几万；况且武器装备还不赖，据

说有战车六百辆，战马六千匹。国库里的粮食可以供给好几年。南面土地肥沃得不得了，北面的土地盛产枣子和栗子，人民即便不从事农业生产，光靠枣子和栗子的收入，也能过上富裕的生活。大王，你看燕国是不是一个人见人爱的地方啊？"苏秦的一番话，让燕文侯听了心

里乐滋滋的，第一次感到自己的国家还是很有优势的。苏秦看到燕王乐呵呵的样子，觉得自己这番话可是没有白说，接着又说："我看到燕国人民安居乐业，近年来也没有什么战争发生，心里羡慕得不得了，这在如今这个时代还真是不多见。大王，你知道为什么燕国没有战火吗？"燕文侯摇摇头说："这个寡人倒是没有想过。还请先生继续讲下去。"苏秦说："燕国没有遭受外敌入侵的主要原因是有南面的赵国作为屏障。很早以前，秦国和赵国打过五次仗。秦国只赢了两次，而赵国却赢了三次。秦国和赵国打得不亦乐乎，所以无法顾及燕国。现在秦国的野心是想吞并天下，燕国自然是秦国吞并的对象，但是秦国想吞并燕国的话，却并不容易啊，他们要越过云中、力原等地，还要经过代郡、上谷等地，等攻到燕国的城池已是疲惫不堪了。况且燕国方圆几千里，秦兵分兵占领也很难长期坚持下去。这是秦国迟迟没有攻打燕国的原因。所以我认为秦国并不是燕国首要的敌人。"燕文侯连忙问："秦国这么强大，连赵王都怕他们，先生竟然说秦国不是我们燕国的首要敌人，难道还有比秦国更可怕的敌人吗？"苏秦点了点头说："当然有了，比秦国还要可怕的敌人不是他国，正是你们南面的赵国啊。赵国在你们燕国的南面，和你们的国土接壤，赵国要是想攻打你们燕国的话那还不是举手之劳吗。只要赵王一声令下，不到十天。赵国军队就会开到燕国的边境，然后渡过易水和滹沱河，用不了四五天的时间，就能够直逼燕国的都城。所以说秦国攻打燕国是远在千里之外，而赵国攻打燕国是近在百里之内啊。"燕文侯点头称是，连忙问："先生说得太有道理了，想想还真是那么回事。可是以我们燕国现在的国力，别说是和秦国抗衡，就是赵国来我们也不是对手啊。"苏秦又摆了摆手说道："大王你多虑了。我认为现在燕国和赵国共同的敌人都是秦国，只要大王肯和赵国合作，合纵亲善，然后再联络中原各诸侯国共同对付秦国。到那时中原各诸侯国团结得就像一家人，别说是赵国，就是秦国也不敢拿燕国怎么样啊。"燕文侯听了觉得很有道理，便对苏秦说：

纵横捭阖——苏秦

"先生说得很有道理。我们燕国实在是弱小，南面有强大的赵国，西面有强大的齐国，齐国和赵国都是强大的国家，我们哪个都不敢得罪。要是依照先生的意见能够让燕国免遭外敌入侵，使我国人民能够永享太平，寡人愿意听从先生的安排，与赵国结为友好。"于是燕文侯供给苏秦许多车马，金银、布帛、让他去赵国游说结盟的事宜。

这是苏秦第二次来到赵国。这一次去的时候赵国的奉阳君已经去世了，奉阳君的哥哥赵肃侯掌握了实权。而此时的赵国正受到秦国的威胁，赵肃侯听说苏秦从燕国带了厚礼来求见，亲自带领文武百官出宫迎接。赵肃侯诚恳地对苏秦说："先生上次来我们赵国，因为我弟弟的缘故，让先生受委屈了。现在我们赵国正受到秦国的威胁，先生说我该怎么办呢？"苏秦拱了拱手，对赵肃侯说："天下的人，无论是达官贵族，还是平头百姓，没有不仰慕大王您的仁慈的，因为您仁慈大度，所以他们都乐意接受您的领导。以前你弟弟奉阳君主持国事，他嫉妒贤能，您又不大理事，所以很多人不敢在您面前讲实话。现在奉阳君死去了，您又比较随和，没有国君的架子，所以我才敢跟您谈一下我那些不高明的看法。"赵肃侯被苏秦夸赞得心里乐开了花，连忙说："烦请先生赐教。"苏秦也毫不客气地说："国家的根本大计在于选择正确的外交政策。外交政策恰当，国家才能平安无事，否则必然后患无穷。大王恕我直言啊，我觉得赵国现在的外交政策都不太妥当啊。现在赵国怎么也算得上是山东一带的强国了，谁都能看出来就连秦王也怕你三分。我不明白既然秦国的实力和赵国不相上下，为什么大王要向秦国称臣？我认为大王您是不应该这么做的。"赵肃侯听了，沮丧地低下头叹道："我也不想这样，可是秦国太强大了，先生没有看到天下的诸侯没有不怕秦国的吗？我也是没有法子啊。"苏秦摇摇头说："大王，你这样说是有些道理。虽然说仅凭赵国一个国家的力量，难以和秦国抗衡，但是我们可以把个人的力量转化为集体的力量啊。我仔细地研究过现在的局势了，你看中原各国的土地加起来要比秦国大五倍，军队的数量加起来也比秦国的多十倍。

这些诸侯国要是能够团结起来，把秦国作为共同的敌人，秦国一定会被打败的。可是你看，中原那些诸侯国却没有一个国家是这样去想，这样去做的。他们只想割让一些本国的土地给秦国，只为了能够保住本国一时的平安。但是秦国的贪欲是没有止境的，它不会满足于这小小的一点好处。今天这个国家割让给秦国一点土地，明天那个国家又割让给秦国一点土地，这样下去，秦国只会越来越强大。中原各国被秦国一一吞并的危险也就越来越大，早晚有一天秦国会把这些国家全部吞并掉的。"赵肃侯听了，连连点头称是。苏秦接着说："当前山东一带没有比你们赵国更强大的了，赵国领土有两千多里，军队有几十万，武器装备也很先进，有战车几千辆，战马几万匹，粮食供给能够维持好几年。而且地理位置也相当优越。你看赵国西边有常山，南边有漳河，东边有清河，北边有燕国，是一个三面都有险可守的国家。至于北面的燕国，本来就是一个小国家，不值得害怕。在秦国看来，能够和他们国家相抗衡的国家只有你们赵国了，但是还有一个问题不知道大王你想过没有，这些年来秦国为什么没有大规模进攻赵国呢？仅仅是因为你们赵国实力强大一些吗？"赵肃侯捻着胡子，沉思了好长时间说："难道不是这个原因吗？"苏秦摇摇头说："自然赵国强大，秦国不敢轻举妄动，但是还有一个更重要的原因是秦国害怕在他们攻打赵国的时候，韩国和魏国在后面暗算自己。因为一旦秦国国内兵力空虚的时候，韩国和魏国趁火打劫，率兵攻打秦国的话，那么对秦国来说，亡国都有可能啊，没有比这种情况更让人担心的了。这才是秦国迟迟不敢大举攻打赵国的原因啊！"赵肃侯听了连连点头称是。苏秦接着说："既然大王也认为是这样，那么可以说韩国和魏国算得上赵国的天然屏障了。但是大王你想一下，要是这两个天然屏障被秦国吞并的话，距离秦国攻打赵国的日子也就不远了。秦国攻打韩国和魏国，中间既没有大山阻挡，也没有河流拦截，秦国会像蚕吃桑叶那样一点一点地把这两个国家的土地吞并掉，直到靠近他们的都城才停下来。到那个时候，韩国和魏国再也无法抵挡秦国的进攻了，必然会向秦国投降的。秦国一旦没有了韩国和魏国暗算的后顾之忧，那么战火就必然集中地落在赵国的头上了。"

赵肃侯听了，脸上的汗都冒出来了，连声问："那么先生认为该怎么办才好呢？"

苏秦拱了拱手，说："我听说尧帝身边的助手还不到三个人，舜在占有天下以前，只有巴掌大小的一块地盘，大禹统领天下以前只有一支几百人的队伍，

纵横捭阖——苏秦

67

商汤和周武王所带领的士兵不过三四千人，战车不过几百辆，战马不过几百匹，但是最后这些人却被拥立为天子，统领天下诸侯。这是什么原因呢？我认为要想称霸天下，并不在于君主手里拥有多少部队和武器，也不在于拥有多大的地盘和多少臣民，而是在于这些君主能不能掌握征服天下的道理。秦国土地虽然辽阔，但是土地毕竟有限。而中原各诸侯国的土地加起来要比秦国的国土大五倍；秦国的军队人数虽然很多，但是中原各诸侯国的军队数量加起来比秦国的军队要多十倍。要是这些诸侯国联合起来，把秦国作为共同的敌人，那么秦国一定不会像现在这么猖狂。可是现在这些诸侯国的国君却没有一个这么想，他们放着尊贵的面子不要，反而一个个争着向秦国称臣，这实在令人感到惋惜啊。大王你想想，打败别人和被别人打败，叫别人向自己称臣和自己向别人称臣，哪种情况更让人觉得舒服呢？"赵肃侯笑着说："当然是打败别人，叫别人向自己称臣感觉舒服了！"

苏秦站起来高声对赵肃侯说："既然大王不想被别人打败，也不想向别人称臣，那么大王就应该早下决心，联合中原几个诸侯国，共同对抗秦国。我认为英明的君主不应该优柔寡断，也不应该听别人说三道四。现在秦国还没有吞并其他国家，这是一个非常好的机会。大王应该赶紧号召天下的君主在洹水边上举行结盟仪式，和他们互换人质，宰杀白马，并且订立一个人人都要遵守的条约。条约可以这样写：'要是秦国攻打楚国，那么齐国和魏国就要出动部队援助楚国，韩国就负责断绝秦国供应粮草的道路，赵国就渡过漳河待命，燕国就守在山北面的地带。要是秦国攻打韩国和魏国，那么楚国就负责切断秦国的后路，齐国就派出部队增援楚国，赵国也应该派兵渡过漳河给予支援，燕国就派兵驻扎在云中。要是秦国攻打齐国，那么楚国同样负责切断秦国的后路，赵国渡过漳河给予支援，燕国也要派出部队支援楚韩魏赵等国。要是秦国攻打燕国，那么赵国就据守常山，楚国把军队开到武关，齐国渡过渤海进行支援，韩

国和魏国也要派部队到燕国去。如果秦国攻打赵国，那么韩国就要派出精锐部队开到宜阳来，楚国把军队开到武关来，魏国把军队开到河外，齐国派军队渡过清河，燕国更是要派精锐部队进行支援。诸侯中要是有违背条约的，就要联合其余五个国家的军队共同去讨伐它。只要你们六个国家心往一处想，

劲往一处使，老老实实按条约办事，共同对付秦国，那么秦国的军队一定不敢走出函谷关来侵犯山东一带的国家。这样君主和臣民们就可以共享太平了。"

赵肃侯听了，兴奋地从椅子上站起来，在朝堂上来回地踱着步子，激动地对苏秦说："先生你看我年纪轻轻的，料理国家大事的时间还不长，对于天下的局势不太清楚，也没有一个人能像先生这样给我分析形势的。像先生这样一位尊贵的客人，怀着一颗赤诚之心，一心一意为了保全我们的国家而出谋划策，安定各诸侯国，我真是感动得不知道用什么词来表达内心的谢意了。我愿意一切听从您的安排，尽快安排结盟事宜，还请先生再到别的诸侯国去做做那些国君的思想工作，到时候我号召起来也能够轻松些。"苏秦说："这个大王尽管放心，我自然会把他们说服的。"

临走时，赵王给了苏秦一百辆车马，一千斤黄金，一百双玉璧，一千匹绸缎，苏秦带着这些东西，去游说其他诸侯国的国君去了。

苏秦离开赵国，来到了韩国，见到了韩国国君韩宣王。苏秦对韩宣王说道："大王啊，我有一事想不明白，韩国北面有巩县、城皋这样坚固的城池，西面有宜县、商阪这样的要塞，东面有肖水，南面有经山，国土面积有九百余里，武装力量有十几万，而且你们部队的武器装备是天下最先进的。我听说你们国家制造的强弓劲弩没有一个国家能够比得上，不仅能射出六百米之外，而且力气大一点的士兵可以让箭镞射穿铠甲。贵国生产的宝剑也是无可比拟的，平时宰杀牛马就如同切块豆腐似的，和敌人打起仗来能够砍断他们穿的铠甲铁衣。而且韩国的士兵个个英勇无比，穿着坚固的铠甲，佩带着锋利的宝剑，扛着强弓劲弩，打起仗来无不以一敌百。韩国军队拥有强大的战斗力，大王又英明神武，却为何要向西方的秦国俯首称臣，使国家蒙受耻辱，大王也因此被天下人笑话，我真的不明白大王为什么这样去做啊！"

韩宣王竟然被苏秦问得不知道说什么才好，支支吾吾地说不出话来。苏秦打断了韩宣王，径自说道："大王既然向秦国屈服，秦国一定会向你索要城池，你现在把土地奉献给它，可以换得一时的安定，可是秦国的贪欲是没有止境的，明年他们又会再向你索要土地。给它吧，你们国家的土地就那么多；不给它吧，你以前的外交努力算是前功尽弃了。况且秦国是不会善罢甘休的，他们一定会

纵横捭阖——苏秦

69

三番五次地来找你们的麻烦。大王的土地有数，可是秦国的欲望没有尽头，拿着有限的土地去迎合那无尽的贪欲，这样一来，用不着发生战争，土地早被人给侵占完了。我听到老百姓有句俗话叫做'宁作鸡头不作凤尾'，现在大王拱手向秦国称臣，来换取表面上的尊贵，以臣子的身份去侍奉秦国，这和作凤尾有什么区别啊？凭着大王的英明神武，拥有这么强大的军队，不去作一个昂首挺胸的鸡头，反而去作一个任人摆布的凤尾，我苏秦都替大王感到惭愧啊。"

听了苏秦一番讽刺挖苦的话，韩宣王气得脸都变色了，他猛地抽出宝剑，把眼睛瞪得圆圆的，抬头望着蓝天，长长地叹了一口气说："听了先生的话，我才发现我活得实在是太窝囊了。我尽管没有什么出息，但是大小也算是一国之君。我一定要堂堂正正做人，绝不能向秦国低头。今天先生不远千里来到这里教育我，我愿意听从先生的安排，听从赵王的号召，联合其他诸侯国君，共同对抗秦国。"

苏秦离开韩国后又只身来到魏国。一见到魏襄王，苏秦就开始发问："大王啊，我有一事不明白，想来向你请教。你看你们魏国的国土，南面有鸿沟等地，东面有无胥等地，西面有长城为界，北面有河外守护。这些地方的名声虽然小了点，但是田地房屋十分密集，连放牧牲畜的地方都没有。想你们魏国，人口众多，车马成群。整天人来人往的声音就轰轰隆隆的，那声势就像三军士卒那样多。我私下里琢磨你们国家的力量不会小于楚国吧。可是那些主张连横的家伙，却希望魏国能够伙同虎狼一样的秦国来侵略别的国家。如果大王这样做的话，势必会引起天下诸侯对大王的怨恨。大王却不管这些，一味地向秦国俯首称臣，还大言不惭地说魏国是秦国的东方属国，为秦王建造帝王的宫殿，接受秦王给你的赏赐，还每年都去祭祀秦王的祖宗。大王啊，我真的替你感到惭愧啊！"

魏襄王听了苏秦的一番话，半天没有说出一个字来，额头上的汗直往下流。苏秦接着说："我听说周武王仅仅带领三千士卒，依靠皮革蒙着的三百辆战车，在牧野打败了商纣王；越王勾践带领三千名疲惫的士兵，在干遂活捉了不可一世的吴王夫差。难道是因为他们的力量强大吗？还是因为他们拥有的士兵多？都不是吧。实际上是他们能够充分发挥士兵的积极性的缘故。我听说魏国现在的军事力量是非常强的，由步兵、先锋队这些精锐部队组成的士兵数量大概有几十万，战车有六百辆，战马有五千匹，这些兵力远非周武王和越王勾践所能比拟。可是大王却听信左右群臣的话，只想以臣仆的身份服侍秦国，图个一时半会的安定。但是大王你想啊，如果你向秦国称臣的话，秦国必定要你们魏国奉献上土

地，以此来表达你们对秦国的忠心，但是秦国的欲望是没有尽头的，早晚有一天，你们魏国的土地都会献给秦国的。这样秦国不需要动用武力，而你们魏国早已亡国灭种了。所以大王，你要看清楚一件事，群臣中凡是要求大王向秦国称臣的人，都不是忠臣。你想啊，作为臣子，想依靠割让自己国君的土地，来保住自己的高官厚禄，而不去考虑它的后果，还能算得上是忠臣吗？《周书》上说：'错误的东西一开始就像是一根很细小的丝线，如果不及早砍断的话，等到蔓延开来的时候，就没有办法了。毫厘大小的时候不早砍断，等到长大，就得用斧头啊。'凡事在事前不考虑成熟，事后就会有大祸降临。大王要是能够听从我的建议，和中原各诸侯国联合起来，共同对抗秦国，那么被秦国亡国灭种的危险就不会存在。我此番前来正是奉了赵王的委托，向你献上这个不太成熟的建议，要是大王觉得我说得还在理的话，就希望你能够听从赵王的号召，参加六国的盟约大会；要是大王觉得我说的是无稽之谈，那就当我什么都没说吧。"

魏襄王思考了半天，才说；"先生说的话是很有道理的，我虽然没有什么能耐，但是也不希望将来做个亡国之君，让魏国百姓戳我的脊梁骨啊。以前咱们也没有机会相见，所以直到现在才能够听到先生如此高明的教导。既然赵王也同意这样，那就没有什么可担心的了。先生放心吧。我愿意听从先生的建议，等候赵王的号召。"

苏秦说服魏襄王后离开魏国，继续向东来到齐国。苏秦见到齐宣王，先是对齐宣王夸奖一番。苏秦说："大王啊，在你的英明领导下，齐国可算得上是一个东方大国了。齐国南面有太山，东面有琅琊，西面有清河，北面有渤海，这算得上是一个四面都有天险可守的国家了。齐国的土地在天下各国中也算得上是数一数二的了，大概有两千多里吧。据说齐国的军队有几十万人，国库里

纵横捭阖——苏秦

的粮食堆得像小山一样高。三军将士个个英勇无比，进攻时像离弦的箭一样，没有人敢抵挡，撤退时像风雨一样很快就能消散。如果需要招募军队的话，根本就不需要在全国范围内挑选，仅仅在你们的都城临淄就可以了。我私下里计算过，临淄现在有常住居民七万户，每户人家不少于三个男子，这就是二十一万啊。不需要从外地征兵，仅仅临淄的兵源，就能有二十一万。再说我看到你们临淄实在是够繁华的，吹竽鼓瑟的，弹琴击鼓的，耍猴卖唱的，真是让人看得眼花缭乱。我来的时候，看到道路上车辆是轮子挨着轮子，人多得是袖子贴着袖子，我在东周的时候，就听说临淄繁华得不得了，说要是临淄的老百姓把袖子都连起来，就能遮住整个天，临淄的老百姓要是都擦把汗，那就像下场雨一样。当时我还以为是在胡说，今天我来到临淄，亲眼看到了这种场面，真的是瞠目结舌。只是我不明白的是，齐国人民个个家庭富足，老百姓的精神状态也很饱满，我看大王也像个英明的君主，为什么大王就甘愿向秦国称臣呢？"

齐宣王说："先生，这有什么好奇怪的呢，当今天下，人人都知道秦国最强大了，没有谁敢跟秦国过不去的，你没看见连韩国和魏国都怕秦国怕得不得了啊。我这么做，也是没有办法啊。先生反而来批评我，真是没有道理，我没有错啊！"

苏秦又好气又好笑地说："大王，你对天下局势是一点不了解啊。韩国和魏国之所以害怕秦国，是因为它们的边境和秦国接壤，国界相邻，很多事就很难办了。要是它们打起仗来，双方出动军队，力量也差不了许多。不用超过十天结果就很明显了。要是韩国和魏国战胜了秦国，那么自己的兵力也要损失一半，韩国和魏国就没有足够的兵力来守卫它们的边境了。如果韩国和魏国不能战胜秦国，那么亡国灭种的危险马上就要到来。因此韩国和魏国把和秦国作战看得比自己的生命还重要。但是秦国要是想攻打齐国的话，就不是这个样子了。秦国背后紧挨着韩国和魏国的土地，要想攻打你们齐国，就得越过魏国的通道，经过一系列天然的屏障，翻越大山，跨过河流。车辆不能并排行走，骑兵也不

能两匹马并行，麻烦得不得了。只要齐国率领小股部队扼守险要的地带，再多的秦兵也无法通过。再说秦国也不敢大举进攻你们齐国，原因在于怕韩国和魏国趁它国内兵力空虚的时候，在背地里暗算它。所以别看秦王整天一副耀武扬威的样子，其实

他根本不敢拿齐国怎么样。"

"如果大王想不到这一点，只想和韩国或魏国那样，一味地依靠向秦国称臣，来换取一时的安定，那真是一个最愚蠢的方法。你的这些臣子们也没有一个能算得上是忠臣的了。现在大王要是觉得我说得有道理的话，就放弃向秦国称臣的打算，和中原各诸侯国结成联盟，把秦国作为共同的敌人。这样大王既不用

忍受向秦国称臣的耻辱，又可以使齐国人民安居乐业。我这次前来就是受了赵王的委托，向你表达这个意思的。要是你觉得我说得有点道理，就不妨听从我的建议。赵王到时候会号召中原的各路诸侯参加盟会，希望大王能够参加。否则，大王您会后悔一辈子的。"

齐宣王说话也不含糊："先生，你看我常年居住在这遥远偏僻的地方，天天看到的除了大海还是大海，长这么大了，还没有到过别的国家，对于天下的局势也不太了解。我那帮臣子们只知道天天拍我的马屁，还没有谁给我出过如此高明的主意。现在先生千里迢迢来到我们齐国，而且连赵王都采纳了先生的建议，那我就更没什么话可说了，一切听从您的安排就是了。"

苏秦离开了齐国，去西南游说最后一个诸侯国，也就是楚国。苏秦见到了楚国国君楚威王，一番寒暄之后，苏秦说："大王啊，楚国算得上是天下很强大的国家了，而大王您算得上是天下最贤明的君主了。楚国西面有黔中，东面有海阳，南面有洞庭湖，北面有经赛州，国土方圆有五千多里，武装部队有上百万人，战车据说上千辆，战马有上万匹，即便是从现在开始国家颗粒不收，国库里堆积的粮食也能够支撑十几年。这些都表明楚国在大王的治理下，取得了很大的成就。可是现在大王竟然想着要向秦国称臣，我认为一点道理都没有啊！"

"对秦国来说，最大的敌人就是你们楚国了。唯一能够和秦国争霸天下的也只有楚国。秦国强大了，楚国就弱小，同样，楚国强大了，秦国也会弱小。你们楚国和秦国，就像是水和火那样，根本就不可能同时存在。所以我认为，大王你向楚国称臣，妄想能够换取你们楚国的长治久安，那无异于痴人说梦。天下的人都知道秦国是一个像虎狼一样的国家，素来都有吞并天下的野心。所以秦国可以说是天下诸侯国共同的敌人。现在天下诸侯国的国君们都想联合起

来、共同对付秦国。我这次前来，是受了赵王的委托，希望能够听一下大王您的意见。要是大王愿意和各诸侯国联合起来，合纵亲善的话，那么不仅可以免受向秦国称臣的耻辱，而且还能保住楚国的大国地位啊！"

"我听说君主要治理国家就要在祸乱发生之前有所行动，为的是防患于未然。要是等到祸患降临了，才去想着治理，那就来不及了。所以希望大王认真地考虑这件事情，早作打算。要是大王能够听从我的建议，我愿意叫山东各诸侯国每年向你进贡礼品，接受大王你的领导，朝奉你的宗庙，并且诸国联合部队也愿意听从你的指挥。韩国、魏国、赵国、齐国、燕国。一定会在你的英明领导下，让天下百姓永享太平盛世的。大王，你是一个明白人，要是按照我的意见，你称霸天下的事业就很容易实现，要是不按照我的建议，等到秦国吞并了天下诸国，再来对付你们楚国的时候，恐怕你连后悔都来不及啊！"

楚王朝苏秦拱了拱手说："我们楚国西面和秦国接壤，所以秦国一直都有夺取巴蜀和吞并汉中的野心，这我是再清楚不过的了。我也知道秦国是虎狼一样的国家，早就有吞并天下的野心，所以向秦国屈服我心里也是不愿意的。我也想过和韩国、魏国联合起来，共同对付秦国。可是我对它们两个国家实在是放心不下啊，要是到时候它们两国背叛我们楚国，去讨好秦国的话，我们楚国就要遭到灾祸了。这件事弄得我躺在床上也睡不好觉，吃东西也感到没有胃口，一天到晚不得安宁。现在先生的意思是要我们天下所有的诸侯都联合起来，订立盟约，共同对付秦国，这样我也不怕有哪个国家背叛我们楚国了。这也是我一直想做但没有去做的一件事。我愿意按照先生的安排，参加六国诸侯的结盟大会，这样不仅我国的人民能够安居乐业，我也能够安心治理自己的国家了。"

得到了楚国国君的允诺，苏秦的任务也算完成了。

没过多久，赵王就通知天下的诸侯，要他们到洹水边来集会，商讨结盟事宜。苏秦代表赵肃侯早早地来到洹水边，搭起一座高台，等待四方诸侯的到来。

燕文侯先到，接着韩宣王也来了。又过了几天，魏惠王、齐宣王、楚威王陆续赶到这里。苏秦与各位诸侯相见，大家就天下的局势进行了商谈，并对结盟订约的事情达成了一致。各国诸侯都认为，楚国和燕国虽然是资格比较老的国家，但是现在正是天下大乱的时候，就该按照国家实力来重新排一下大小。即楚国第一，齐国第二，赵国第三，魏国第四，韩国第五，燕国第六。因为楚国、齐国和魏国的诸侯们已经改称为王，而赵国和燕国的国君还称侯，苏秦觉得这样称呼起来不太方便，所以提议六国国君一律称王，因为这次集会是由赵王牵头的，就让赵王作为东道主，居主位。

楚国因为实力最强，居主宾位。这些提议，得到了与会诸侯的一致认可。最后苏秦拿出事先写好的盟约誓词，让各位诸侯过目，盟约内容就是按照苏秦当年给赵王提出的建议制定的。苏秦对这些国君们说："我们这些中原大国，加起来可以说是地广兵多。秦国倚仗自己国力强大，想蚕食诸国的土地，妄想称霸天下。以前仅靠我们一国的力量，根本不是秦国的对手，现在我们中原六国终于联合起来了，就应该患难与共，把秦国作为我们共同的敌人。现在盟约大家已经看过了，要是没有什么意见的话，还请各位大王签个字吧。"五国国君看后都表示没有意见，于是纷纷在盟约上签字。苏秦与诸位大王歃血为盟，共同拜告天地及六国祖宗，发誓说要是一国背盟，其余五国共同讨伐。宣誓仪式结束后，五国国君出席赵国准备的晚宴，在晚宴上，楚威王端着酒杯激动地说："今天我们六国能够联合起来，共同对付秦国，从此天下就能平安无事了，我们各国的黎民百姓也能永享太平盛世了。这都是苏秦先生的功劳。先生可谓功高盖世，德被千秋啊。我提议由苏秦先生担任我们六国纵约的'纵约长'，并且兼任六国国相的职务，以此来监督各国能够认真地履行盟约。"楚威王的建议得到了诸国国君的一致认可，都说："楚王说得有道理，我们愿意由苏秦先生担任我们国家的国相。"

就这样，苏秦被公推为"纵约长"，六国诸侯都把各自的相印交给了苏秦，委托苏秦管理六国臣民，监督各国认真地履行盟约。苏秦也因此成了历史上唯一的一个担任过六个国家丞相的人。当时在场的一位史官写了一首诗，记录了这一激动人心的历史时刻。这首诗是这样说的：

相要洹水誓明神，

唇齿相依骨肉亲。

假使合纵终不解，

何难协力灭孤秦？

苏秦从洹水集会上回来，北上向赵王汇报本次集会的相关情况，中途要路过洛阳。这一路上车辆马匹势如长龙，各诸侯国派使者护送苏秦的人多得数都数不过来，那气派比国王出行差不了多少。周显王听到这一消息后十分惊慌，赶紧派人清扫道路。并派文武官员到郊外进行慰问。苏秦的妻子和嫂子，斜着眼不敢抬头看苏秦一下，都趴在地上，一动也不敢动。苏秦笑着问他的嫂子："为什么嫂子先前对我那么无礼，现在却这么害怕？"嫂子吓得弯着身子把脸贴在地上说："那是因为叔叔你现在位高权重啊！"苏秦听了深有感触地说："同样是对待我这个人，富贵了，亲戚们就这般敬畏我；贫贱的时候，却又那么鄙视我。真是世态炎凉，人情淡漠可见一斑了。要是当年我没有出去游说列国，而是守着家里的几亩薄田，只想着能够养家糊口，安分守己地做个老百姓，我又怎么能够佩戴六国的相印呢？"于是苏秦拿出了一些钱财，分给同族的人和朋友。当初苏秦到燕国去，借过别人的钱作为路费，现在苏秦百倍地偿还给他们，还报答了所有曾经给过他好处的人。

　　苏秦在洛阳逗留了几天，就又踏上了回去的路。回到赵国后，赵肃侯很高兴，封苏秦为武安君。苏秦心想既然六国盟约已经签订，就应该给秦国一个下马威，让秦国对目前天下的形势有个比较清醒的认识。于是苏秦派人把六国合纵的盟约送到秦国，秦人看后果然十分害怕，秦国军队躲在函谷关里面竟然不敢出来，这样的局面整整持续了十五年。

三、燕国为臣

六个诸侯国签订的合纵盟约让秦国感到十分恼火，因为它大大限制了秦国的对外扩张战略。秦国当然不愿长久这样下去，得找个机会拆散六国联盟才对，否则秦王非得憋死在函谷关里面不可。后来秦国终于找到了突破口。秦国派犀首欺骗齐国和魏国，假装要和它们联合进攻赵国，想破坏合纵的盟约。结果齐国和魏国上当受骗，一起出兵进攻赵国。赵肃侯对此大为光火，赵王作  为联盟的盟主，最为担心的是秦国，时刻防范的是秦国的进攻。万万没有想到的是，自己同一个战壕里的兄弟，竟然掉转枪头向他赵国开战，赵王怎能不恼火万分呢？在大骂齐国和魏国背信弃义的同时，赵王对苏秦也十分不满，认为苏秦这个"纵约长"没有尽到自己的责任，把责任一股脑全推到了苏秦的身上。赵王气愤地对苏秦说："看看吧，我的大'纵约长'，这就是你所主张的合纵抗秦的结果。现在我们赵国既得罪了秦国，又受到齐国和魏国的进攻。抗秦没有抗成，结盟反倒结成了一堆冤家，你不是说一国挨打各国都来救援吗？现在我们赵国就受到别国的进攻，让我见识见识你的援兵吧！"

苏秦害怕了，他也没有想到齐国和魏国会背信弃义地去攻打赵国。现在其他几个诸侯国都在一边看笑话，没有一个肯出面进行调解，况且魏国和齐国还在一个劲地进攻赵国，苏秦担心再这样下去，赵王一怒之下会杀了他。为了保住自己的性命，苏秦请求出使燕国，并向赵王保证说一定要出面调解此事。赵王现在被魏国和齐国搞得焦头烂额，也不想听苏秦到底在说些什么，糊里糊涂地就任由苏秦去了。

苏秦离开赵国后不久，存在十五年之久的六国合纵就彻底瓦解了。

苏秦离开赵国，觉得只有燕国才能够真心地收留他，所以就来到了燕国，受到了燕文侯的热情款待。这一年，燕文侯去世了，太子继位，这就是燕易王。这个燕易王可不是一般的君主。因为他的妻子是秦惠王的女儿，他也就是秦王的姑爷，也算是一个有背景的人了。燕易王刚登基没多久，齐宣王就趁燕国国丧的时候，出兵攻打燕国，一连夺取了十几座城池。燕易王眼见齐军大兵入境，连攻下了十几座城池，急得就像热锅上的蚂蚁，希望苏秦能有个退兵的良策。

这一天，燕易王火速召见苏秦。一见面，就先将了苏秦一军："先生你看，以前你来我们燕国，我父王对你可不薄，不光给你好吃好喝的，还资助你去见赵王。要不是我父亲相助，先生也不会有后来的风光。不仅享受荣华富贵，而且还身挂六个国家的相印。再说各国诸侯可都是冲着先生的主张去结盟的，盟约上不是说，我们六个国家要互助互爱，情同一家，共图对付自己的敌人秦国吗？可是你看现在秦国的军队没有来，齐国的军队倒是攻打过来了。先是攻打赵国，接着又进攻我们燕国。我恐怕天下的人都会耻笑你这个身挂六国相印的'纵约长'啊！"

苏秦惭愧地对燕易王说："您父亲对我苏秦可算是不薄，我苏秦也不是一个忘恩负义的小人。现在齐国攻打燕国，是我这个'纵约长'的失职。我看齐国之所以这样做，恐怕是中了秦国的离间计。早晚有一天，齐王会后悔的。"

燕易王说："你的话是有几分道理，可是谁知道这个齐王什么时候才后悔啊。他要是十年八年后再感到后悔，恐怕我们燕国早就被齐国吞并掉了。"

苏秦看透了燕易王的心思，对燕易王说："这个还请大王放心，我这就去齐国一趟，帮你把失地收回来。不管怎样，齐国违约在先，我又是大家选举出来的纵约长，这点面子我想齐王还是会给的。"

燕易王连眼皮都没有抬，只从牙缝里挤出一句话："希望先生能够说到做到啊。"

苏秦无比沉闷地离开燕国，心里面不住地大骂齐宣王混蛋。放着安安稳稳的日子不过，非得弄得天下鸡犬不宁才高兴。

苏秦见到了齐宣王，先是拜了两拜，对齐国取得如此辉煌的战绩表示祝贺，接着又对齐宣王表示深切的慰问。

齐宣王这下子被苏秦给搞晕了，问："先生，你这是搞的什么名堂啊，一会儿向我祝贺，一会儿又向我慰问的。你也知道，我们齐国部队刚刚在燕国打了几个胜仗，已经夺得了燕国十几座城池，我这高兴还来不及呢，有什么值得忧伤的事啊？"

苏秦忍不住在心里骂了一句：你这个厚颜无耻的家伙，还好意思在这说，要不是你今天打这个，明天打那个的，我能受今天这份窝囊气吗。不过苏秦毕竟是一个有文化有修养的人，依然面不改色地对齐宣王

中国古代谋士

说；"我正是为你攻打燕国的事来的啊。我听说即便是再饥饿的人也不会去吃河豚的肉，河豚的肉虽然味道很鲜美，但是它也有剧毒啊。为了一时能够填饱肚子就要冒着被毒死的危险，太不值得了。现在大王就是在冒着被毒死的危险在吃河豚肉啊。燕国虽然是一个小国，你去攻打燕国当然可以暂时占些便宜回来。但是大王你不要忘了，如今的燕易王可是一个有背景的人，他可是秦王的小女婿。秦王看到自己的女婿被人欺负，架不住自己的女儿在面前哭哭啼啼的，能够置之不理吗？要是把秦王给惹急了，出兵相助燕国，然后顺便向东再攻打一下你们齐国，大王你想一下，这可不是闹着玩的。你现在为了几座小小的城池，竟然要和强大的秦国结下仇恨，万一秦国让燕国作先锋，它们秦国做后盾，召集天下精兵强将攻打你们齐国，嘿嘿，到时候大王你可真的是吃不了兜着走了。你说大王我能不向你提前表示一下慰问吗？"

齐宣王一听，脸色都吓得变白了，忙问："先生说得实在对极了，都怪我一时糊涂，听信我手下那一帮蠢货的话，才闯下了这么大的祸来。先生说我现在该怎么办啊？"

苏秦看到齐宣王这个样子，真是感到又好气又好笑，心想，这个家伙怎么还是这副德行，一点都没有变。苏秦拱了拱手，正色对齐宣王说道："我听说古时候那些贤明的君主，都善于掌握事情发展的方向，变不利的情况为有利的情况。大王也算得上是一个贤明的君主了，也一定会利用失败的机会取得成功。大王如果能够听从我的意见，就应该赶紧归还燕国的十几座城池，然后向燕易王解释一下说这只是一场小误会。燕易王见到城池失而复得，再加上你的诚恳道歉，肯定不会在他岳父大人那里告你的状的。再说要是秦王知道你是因为尊敬他老人家才归还燕国城池的话，想来也会非常高兴。舍弃几座城池，却能够换来与燕王和秦王的友情，我想没有比这桩买卖更划算的了。这样一来，天下的人都知道大王你跟秦王有交情了，诸侯们哪个不怕你三分？到时候你发号施令，哪个人敢不从命啊？大王只需要口头表达一下对秦王的无限热爱，然后再把这几座城池归还给燕国作为行动，就能够换来一个做霸主的机会，试想天下的诸侯们哪个能有这样的机会啊。还请大王三思啊！"

齐宣王再三斟酌，认为苏秦说的话还是很有道理的，于是下令从燕国撤兵，归还了占领的城池，并且还专门派了使者到燕国进行道歉。

燕易王激动万分，心想这个苏秦真是太有才了，怪不得父王在世的时候这么器重他啊，看来应该重用苏秦才对。然而，不少燕王的宠臣听到燕王要重用苏秦的消息后，因为嫉妒苏秦，都纷纷前来在燕易王面前诋毁他："大王啊，像苏秦这样的人怎么能够重用啊？苏秦是一个反复无常、背叛国家的家伙。本来他是一个东周人，却要投靠我们燕国。想我们先王对他不薄啊，他不但不领情，反而贪图富贵，到赵国去做什么武安君。现在赵国国王嫌弃他了，他又来到我们燕国来了。大王要是重用这样一个左右摇摆的家伙，迟早会出事的。"燕易王听了这些谗言，内心动摇，不但没有重用苏秦，反而剥夺了他原来的官职。

苏秦自以为此次出使齐国，功高盖世，不被燕王重用已是没有道理了，现在居然还落得个剥去官职的下场。他知道是燕王手下那帮嫉妒他才能的人在燕王面前说了他的坏话，肺都快气炸了。他决定亲自去找燕王。

苏秦见到燕易王，直言不讳地说："大王，我苏秦本来就是一个一文不值的老百姓，蒙受先王厚爱，资助我成就一番事业。当年我就发誓要报答先王对我的知遇之恩。我从赵国来到燕国，没有半点功劳，大王还授予我个一官半职，对我以礼相待。先王加上大王对我的恩情，远比泰山还要重啊。我怀着一腔报答之心，前去齐国说服齐王，不仅替大王说退了敌兵，还收复了失地。我不求大王给我多大的回报，因为我认为这是我应该做的。但是大王不该剥夺我的现任官职，疏远我啊。我知道大王不是那种过河拆桥的人，肯定是有人在你面前恶语中伤我，说我苏秦是一个不诚实的人吧？其实，我的'不诚实'，正是大王的福气啊！"

燕易王一听，感到有些摸不着头脑，诧异地问："怎么重用一个不诚实的人反而成了我的福气呢？有哪个君王不喜欢诚实的臣子？"

苏秦没有正面回答，而是说："大王，现在假如有这么三个人，一个非常孝顺，像曾参；一个是非常廉洁，像伯夷；一个非常诚信，像尾生。要是让这三个人来辅佐你，你看怎样啊？"

燕易王毫不迟疑地说："我听说曾参是一个非常孝顺的人，甚至不愿意离开自己的父母一天，寡人治国向来主张以孝治天下，在我看来，曾参算得上是一个诚信的人。我听说伯夷为人非常廉洁，而且非常忠于君王，宁可饿死也不肯做周武王的臣子。至于尾生，我听说他和一个女子在桥下约会，洪水来了也不离开，宁肯抱着桥墩让水淹死也要等那个女子，没有比尾生再诚信的人了。寡人要是能得到这三个人相助，作为一个君主，没有什么可祈求的了。"

苏秦摇摇头说："大王你这样想就太不对了。曾参很孝顺，这是不假。但是他的孝顺只是对他的父母，而不是对自己的君主啊。曾参把孝顺作为头等大事，看得比自己的生命还重要，他甚至都不肯离开自己的父母在外面一天，这样一个连家都不愿离开的人，大王又怎么能让他像我这样跑到千里之外，为了解救燕国的危急而到处奔走呢？大王你是知道的，我在东周的家里，还有年迈的双亲，还有我的一家老小，我舍弃我的父母、妻子和孩子，千里迢迢来到燕国，为的是什么啊？不就是为了能够使天下的百姓安居乐业，为的是大王你能够安心地治理自己的国家吗？要是天下的人都像曾参那样，连自己的家门都不愿意出去，那么谁又肯为了天下的黎民百姓而奔走疾呼呢？再说那个伯夷，伯夷廉洁是不假，伯夷热爱自己的国家这也没有错，有哪个人不爱自己的国家呢？但是每个人热爱自己国家的方式是不一样的。就像那个伯夷，一味地忠于已经被推翻的商朝，本来武王伐纣是替天行道的正义之举，得到了天下百姓的拥护，没有谁为商朝被推翻而替商纣王感到惋惜，所有的人都乐意接受周武王的英明领导。可是这个伯夷，却做出了令人感到又好气又好笑的事，竟然不肯接受周武王给他封侯的赏赐，宁肯饿死在首阳山，也不肯出来做周武王的臣子。我觉得这样的忠诚实在是一种愚忠啊，为了一个被天下人唾弃的君主，宁肯自杀也不肯出来为天下的老百姓做些好事，你想，这样一个顽固不化的家伙，大王怎么能够让他千里迢迢为了燕国的老百姓做事呢？再说一下那个尾生，我觉得与其说这个人诚信，倒不如说这个人愚昧。你看他和女子约好在桥洞下相会，现在这个女子没有来，可是洪水来了，这个尾生宁肯抱着桥墩被洪水淹死，也不知道躲一躲。大王想一下，这个尾生是不是傻透顶了？人人都知道应该先上岸躲避一下，等洪水退了再下去等候那个女子也不迟啊。这样一个白白牺牲自己性命的人，实在是一个愚蠢得让人感到惊讶的家伙。大王，这样的一个人，愚蠢到了这种程度，你怎么又能希望他用智慧迫使齐国君主退兵呢？"

"大王，我虽然没有像曾参那样整天守在自己的父母身旁，也没有像伯夷那样为了自己的国家而送死，更没有像那个尾生一样糊里糊涂地就搭上自己的一条命。但是我能够为了天下百姓的幸福，宁肯背上对自己父母不孝之罪；我能够为了各国诸侯们高枕无忧、永享太平盛世，而远离自己的国家；我能够报答先王和大王的知遇之恩，而不远千里去说服齐王，让你们燕国的局势转危为安。大王，正是因为我苏秦为人太诚信了，才被小人嫉妒，才不被大王您信任啊！"苏秦越说越动情，禁不住从衣袖里掏出手帕，擦了擦眼泪。

燕易王也被苏秦说得动了感情，禁不住热泪盈眶："先生的一番话，真的让我感到惭愧啊，看来是寡人听信小人的谗言，错怪了先生。天下是没有人因为诚信而获罪的。"

苏秦对燕易王摇摇头说："大王，天下被冤枉的好人太多了，有些忠厚老实的人，就是因为太诚信了反而被猜忌获罪。我听说有个在外地做官的人，一年很难回家一次。他的妻子耐不住寂寞，与一个男人相好。这一天，他妻子正和这个男人在家，忽然听说丈夫回来了，害怕事情败露，就让小妾去给丈夫献上一杯毒酒，企图把丈夫毒死。这个小妾是一个非常忠厚老实的人，她想说出酒中有毒，又怕丈夫一怒之下杀掉他的妻子；要是不说吧，又害怕丈夫被毒酒毒死。左右为难，只好在献酒的时候假装摔倒，把酒洒在了地上。丈夫大发雷霆，以为是小妾故意的，不分青红皂白就打了她五十鞭子。大王你看，尽管这个小妾是一个忠厚老实的人，这样做既可以保住妻子的命，又可以保住丈夫的命，可以说是一个坚守忠信的人。但是她非但没有受到奖励，反而还得到了一顿毒打，大王，这就是因为诚信反而获罪的例子啊。我的不幸，跟这件事恐怕有些相似吧。所以天下的事，很多并没有像大王想得那么简单。"

燕易王眼睛眨巴了半天，才喃喃地说："看来天下还真有因为诚信而获罪的事啊。"燕易王站起来，对苏秦拱了拱手，说："父王在世的时候，就多次对我谈起先生的为人，并对我说将来一定要厚待先生。都怪寡人年幼无知，没有牢记父王的教导，反而听信小人的谗言，一时冒犯了先生，还请先生多多见谅。"后来，燕易王又重新重用了苏秦，提拔苏秦做了上卿，对苏秦非常信赖。

四、卧底齐国

苏秦身居燕国，虽然远没有身挂六国相印时那般春风得意，但在燕国也是威风得不得了。虽然燕易王对苏秦宠爱有加，但是苏秦对燕易王的外交路线越来越感到不满。原来燕易王继位后，一改燕文侯时结交楚国和魏国的方针，不仅对楚国和魏国有些疏远，反而亲近和燕国有着宿仇的齐国。苏秦感到不可理解。于是他单独求见燕易王，向他说起了此事。

苏秦对燕易王说："大王，我苏秦本来就是东周一个贫苦的百姓，没有什么显赫的家庭背景。当年我一个人出来闯荡的时候，天下连一个瞧得起我的人都没有。我听说先王为人仗义，而且又在招揽人才，就想来你们燕国碰碰运气。没想到先王一见到我，不仅对我厚礼相待，还资助我前去各国游说。我只是一个粗俗的人，仅仅是因为多读了几本书，先王就这般爱惜我。大王，你知道为什么先王如此求贤若渴吗？"

燕易王想了想说："我只知道父王爱惜人才，却没有想过他为什么这样，大概当时天下的诸侯都是这样做的吧。"

苏秦摇摇头说："大王你有所不知啊，当年我还在跟鬼谷子先生读书的时候，正是燕国国内动荡不安之际，而此时的齐国看到燕国国内政局不稳，与中山国联合起来，共同攻打你们燕国，一时间燕国国内生灵涂炭，哀鸿遍野。先王在一片废墟中建立国家，他立志要报仇雪恨，这才搭起了黄金台，招揽天下的贤良，前来为燕国出谋划策，想要振兴燕国，将来教训一下齐国。所以大王千万不要忘记，齐国是你们燕国的宿敌啊！先王是一位非常贤明的君主。现在我看到大王你同样是一位非常贤明的君主，才愿意跟你说这些话。"

燕易王对苏秦说："我对父王那是敬佩得不得了。父王能够礼贤下士，把我们的国家治理得井井有条，先生说我父王贤明，我当然是没有任何疑义的。但是先生说寡人贤明，我自认为实在是有愧于'贤明'这两个字啊。"

苏秦说："我所说的贤明的君主，不仅仅是指能够治理国家，而且还要能够善于总结自己的缺点，能够接受别人提出的建议。我之所以说大王贤明，正是因为在我看来，大王不是个只希望听到别人夸赞的人，而是一个乐于接受别人批评的人。现在我就觉得大王有件事做得不妥，所以请允许我当面指出大王的过失。"

燕易王一听，心想：这个苏秦，是先夸我后训我。怪不得父王在世的时候，都让他说得没什么话可说了。燕易王对苏秦说："我自认为当上这一国国君之后，每天都勤勤恳恳，为了黎民百姓，饭也吃不香，觉也睡不好，唯恐有一丝懈怠而辜负了先王对我的厚望。我虽然能力有限，但是没觉得做过什么蠢事，不知道先生说出这番话来，是为了什么呢？"

苏秦回答道："大王，我就直接跟你说了吧，我所说的你的失误，是指你的外交方针有问题。我认为，国家的根本大计在于选择正确的外交政策。外交政策恰当，国家才能平安无事，否则必然后患无穷。大王恕我直言，我觉得你现在所执行的外交路线就有些欠妥当。刚才我说了，齐国是咱们燕国的宿敌，而楚国和魏国也算得上咱们燕国的老朋友了。当年齐国攻打燕国的时候，楚国和魏国在背地里可没少帮燕国的忙啊。这也是先王在世的时候一直与楚国和魏国结成伙伴的原因。可是你现在却一改先王的方针，不仅对楚国和魏国疏远，而且还和齐国交好，甚至还想和齐国一起，攻打楚国和魏国。大王，你要好好想一想，你这样做是不是外交上的重大失误啊！你这样做，不仅会导致咱们燕国在天下诸侯中处于孤立无援的境地，而且对于我们燕国的复仇大计一点儿帮助都没有。我不知道大王身边那些权臣和谋士们都是怎么想的，看到大王犯下这么大的错误，竟然没有一个出来给您提意见的，这些人都算不得忠心耿耿啊。不知道大王认为我说得对不对？"

燕易王说："先生说的是没有错，我不是一个糊涂的人，也牢牢记住了父王生前交代给我的复仇重托。我自然不会忘记齐国和我们的仇恨，也整天想着怎样能够报仇雪恨。可是先生你也知道，论国家的实力，我们燕国实在是在齐国之下啊，我因为燕国的力量不够，所以迟迟没有行动。先生要是能够凭借燕国现有的力量打败齐国，一雪我们燕国当年的国耻，我愿意把我们整个国家都委托给你进行管理。只怕先生也不敢下这个决心吧？"

中国古代谋士

苏秦回答说："现在天下能够数得上的国家只有七个，而燕国是这七个国家中实力最弱的一个，这是一个不争的事实。要是仅凭燕国一个国家的力量，去和齐国进行决战，别说是现在，就是十年以后也未必能赢。我们一国的力量是弱了些，但是我们可以联合天下诸侯的力量，结交天下的诸侯，壮大我们燕国的实力。不管和谁联合，都比我们一国单打独斗强得多。楚国的关系一

直和我们不错，向南我们可以和楚国结盟；而秦国更不用说了，你是秦王的小女婿，向西和秦国结盟自然是没有什么问题。在中原这片土地上，我们燕国向来是抱着和其他诸侯国友好的态度进行交往的，想来要是和韩国、魏国结盟的话，他们也是乐意的。如果咱们和这些国家结成联盟的话，那么燕国就不再是那个任由齐国侵略的弱国了。现在齐国仗着自己的国力雄厚，和天下诸侯为敌，甚至连秦国都不放在眼里。齐国连续和楚国打了五年的仗，估计耗费的钱财已经让国内空虚不堪。齐国向西和秦国还打了三年的仗，国内的老百姓早已苦不堪言。前些日子，齐国和宋国交战，侵入宋国的先头部队全军覆没，齐国还损失了好几员大将。但是齐国还不死心，仍然命令所剩的军队继续向宋国进攻，估计这个齐王是脑子被烧糊涂了吧，难道不知道宋国是一个拥有五千辆战车的军事大国吗？现在齐国竟然与天下诸侯为敌，已经遭到了诸侯们的一致反对。况且我听说，这些年齐国连年征战，国内的老百姓苦不堪言，士兵们疲惫不堪，打仗的时候也没有什么积极性。趁着齐国现在元气大伤，要是我们现在能够联合其他几个诸侯国，一起攻打齐国，我相信离咱们燕国报仇雪恨的日子就不远了。"

燕易王说："先生说的是很有道理的。但是齐国可不是那么好对付的，光是齐国能够用来守卫的天险就让人头疼得不得了。我听说齐国的边境有清济河和浊河护卫着，每条河都水深几十尺，要想渡过这两条河流，那简直是比登天还难。况且齐国还有长城作为要塞，要想进攻到齐国国境不是那么容易的事情吧？"

苏秦回答说："天时、地利、人和，这是决定战争胜利的三个主要因素。就算齐国有天险可以守卫，充其量也只能是在地利上占些优势；但是天时和人和不占优势的话，也很危险。尽管他们有清济河和浊河可以依赖，有长城可以

固守，但是现在齐国的老百姓都已疲惫不堪，士兵们也都怨声载道，再加上天下的诸侯没有一个不厌烦齐国的，在这样一种情况下，再好的地利又能怎么样呢？大王你看，以前齐国用兵的时候，从来都没有在济西一带征过兵，因为害怕赵国起疑心；也从来没有在河北一带征过兵，因为害怕咱们燕国起疑心。可是，现在齐国对这些都顾不上了，在济西、河北一带都已经征兵了，这说明了什么？这说明了齐国现在严重地缺乏兵源，只能到处抓壮丁。可以想象，齐国国内现在已经是一副什么样子了，这真的是上天赐给我们的一个绝好的机会啊，还望大王您三思啊！"

燕易王沉吟片刻，对苏秦说："先生说得太有道理了，我也觉得这是一个非常好的机会，那么依照先生的意思，我们应该怎么办？"

苏秦说："骄横的君主，一定会贪图眼前的一点小小的实惠。想要成就大事的人，就一定要能够忍受一时的耻辱。现在大王首先要取得齐国的信任，让你的侄儿去齐国做人质，然后多带些珍珠、玉石和布帛去贿赂齐王身边的亲信大臣，只要取得了齐王的信任，再加上齐王身边的亲信大臣给我们燕国说好话，齐国就会对我们燕国失去警惕，到时候等时机成熟了，我们再联合天下诸侯国的军队攻打齐国，就是一件非常容易的事情了。"

燕易王说："先生说的办法实在是高明极了，为了报仇雪恨，我愿意听从先生的安排，让我的侄子到齐国做人质。"

于是，按照苏秦的建议，燕国派了一位公子到齐国去做人质，苏秦也陪着这位公子一起到了齐国，齐国给予苏秦很高的礼遇，而且还盛情款待了他们。

五、苏秦之死

苏秦从齐国回来，就忙着联合五国诸侯的力量，想着尽快为燕国报仇雪恨。但是苏秦也感觉到，在燕易王身边有太多的人嫉妒自己的才能，总想费尽心机把他搞垮，他不得不提防。苏秦最害怕的是别人揭穿他和燕文侯的夫人、也就是燕易王的母亲通奸的事情。其实，燕易王早就知道此事，但是出于极其微妙的心理，一直装作不知道，反而对苏秦更加亲近。如果没有外来因素，彼此也能够相安无事下去。但是，苏秦害怕那些嫉妒他的人早晚会拿这件事大做文章，一旦弄得满城风雨，让燕易王觉得没有脸面的话，燕易王岂能饶他？燕易王随便找个理由，就能置他苏秦于死死地啊。所以，苏秦想，现在最好的办法就是赶紧离开燕国。

去哪里呢？苏秦想来想去，决定去齐国。关键在于他想报复齐国，因为齐国一次次让他下不来台——先是破坏盟约，接着攻打赵国，后又攻打燕国。所以他要弄得齐国鸡犬不宁，也算报答了燕王的知遇之恩了。

乍一听苏秦要离开，燕易王十分惊愕，再一听苏秦要去齐国，更是疑惑不解。

苏秦说："大王，我继续留在燕国，不会给燕国带来更大的好处，我要是去了齐国，就会加速齐国亡国的步伐。"接着，苏秦向燕易王说了他的想法。

燕易王深知现在燕国最大的敌人就是齐国，假如苏秦的计划能够实现的话，无疑对燕国的复仇大计是有利的。他答应了苏秦的请求。

苏秦假装得罪了燕易王而跑到了齐国去，得罪的理由、逃跑的经过，苏秦都编得天衣无缝，齐宣王没有看出任何破绽。不仅给予苏秦很高的礼遇，而且还委任苏秦为客卿。

没过多久，齐宣王去世了，齐湣王继位。齐湣王对待苏秦仍然像先王那样宠信，言听计从，甚至有过之而无不及。

苏秦利用宣王去世的机会，劝说齐湣王隆重地安葬先王，用以表彰自己的

 纵横捭阖——苏秦

孝道，借以征得人心。齐泯王认为苏秦言之有理，就问他该怎样安葬才算隆重。苏秦早就为他设计好了安葬的方式。一是将先王的墓地建得无与伦比；二是应该将现在的宫殿加高，并且多辟园林，以示先王去世后，泯王有着远大的志向。只有这样做，才能使齐泯王天下归心。齐泯王觉得苏秦说得很有道理，就下令照此办理。

然而这样大兴土木，不知道使齐国耗费了多少人力物力财力。本来齐国连年征战，国力开始衰退，这下子百姓们就更怨声载道了，群臣们都暗自叹息。齐泯王还蒙在鼓里，以为自己这样做一定会赢得天下人的赞誉，却不知道这正是中了苏秦的计谋。苏秦就是要让齐国破落衰败下去。

一遇到时机，苏秦绝不放过，明则为齐国出谋划策，而且让齐王深信不疑，实际上却是要促使齐国的国力衰退，不战自败，为五国联军攻打齐国做好准备。

齐国的大臣们都很仇视苏秦，但是论起聪明智慧，没有一个人能斗得过苏秦，机关算尽，始终无法动摇苏秦的地位，苏秦始终是齐泯王最宠信的人。

于是群臣就想了一个办法：用重金收买了一个刺客，密谋刺杀苏秦。结果苏秦在回家的路上遭到刺客刺杀，虽未当场死亡，但是伤势已经很重了。

齐泯王听说后大怒，下令捉拿凶手。但是臣子们大都仇恨苏秦，互相勾结，谁也不肯说出凶手是谁。

苏秦料想自己不久就会离开人世，又见凶手逃之夭夭，料定他死后也不会抓住凶手。此仇不报，怎么能够瞑目？最后，苏秦想出一个抓住凶手的办法。尽管这个办法很残酷，但是此刻他也没有更好的办法了。

苏秦对齐泯王说："大王，我就要死了。看来我不仅死前见不到你惩治凶手，恐怕我死后在天之灵也看不到啊。现在大王要是能够按照我说的去办，凶手也许就能抓到。"

齐泯王问："怎么办？"

苏秦说："请求大王派人在街市上将我五马分尸，就说我是为了燕国在齐国作乱，才受到如此残酷的惩罚的。这样，杀害我的凶手就会自动露面了。大王，那时你也就可以替我报仇了。"

齐泯王觉得这样太残忍了，下不了手，问："难道没有比这更好的办法了吗？"

苏秦说："大王要是想为我报仇的话，只有这样做，才能有一线希望。请大王满足我的愿望吧。"

在苏秦的再三要求和说服下，齐泯王无奈只好按照苏秦说的去做。杀害苏秦的凶手果然露面了，他满以为刺杀间谍是立了大功的，肯定会受到齐王的封赏，岂不知这样做是自投罗网。齐泯王当场就让人杀死了他。

苏秦死了之后，齐泯王还为失去这样一个宠臣而伤心不已，却不知道苏秦真的是燕国的间谍。此时的齐国已经被苏秦破坏得国力衰退了。等到燕国的大将乐毅率领秦赵韩魏燕五国联军攻打齐国的时候，齐泯王才知道苏秦来齐的真实目的，但是已经悔之晚矣。乐毅率领的五国联军以迅雷不及掩耳之势，从齐国防守最薄弱的北部边境一举攻入齐国，齐军在济西败于五国联军，全军覆没。接着，乐毅率军长驱直入，攻破齐国都城临淄。齐泯王逃出城外后被杀，燕国终于报了多年的宿仇。由乐毅率领的五国联军能够这么轻松地打败齐国，自然和他们出动的军队数量多以及乐毅的军事才能有关，但是苏秦的所作所为无疑起着极其关键的作用。

苏秦由一个普通的老百姓，成为名扬天下长于计谋的说客，终于成功游说六国合纵结盟，身挂六国相印，这说明了苏秦是一个相当有才能的人。尽管他所奔走呼号的纵横大业，并不顺应历史发展的潮流，但是他那刺股求学、拼博进取的精神，是值得后人学习的。他的功绩闪烁出的智慧的光芒，也是永远不能抹杀的。

一代谋圣——张良

　　张良，秦末汉初杰出的军事谋略家，与萧何、韩信并称为"汉初三杰"，是中国历史上一位颇具传奇色彩的人物。自古以来，史家从不吝啬笔墨赞美他那深邃的才智，神妙的权谋。他身居乱世，胸怀国亡家败的悲愤，投身倥偬的兵戎生涯；他致力于反秦扶汉的大业，为刘邦击败项羽以及汉朝的建立立下了汗马功劳；官拜大司马之后，他急流勇退，辞官归隐，是汉初少数得到善终的人……综上所述，张良的确无愧于"谋圣"之名。

一、早期生活

（一）锥击秦皇　圯上受书

据《史记》《汉书》等史籍记载，张良本为战国时期韩国贵族，其先人曾"五世相韩"，即张良的祖辈有五人先后担任过韩国的国相。其中张良的祖父相韩 41 年，其父则相韩 46 年，共连续担任过 87 年韩国国相，这在当时来说应该是名门望族了。至张良时代，韩国已逐渐衰落，并在公元前 230 年被秦国所灭。韩国的灭亡，使张良失去了继承父业的机会，丧失了显赫荣耀的地位，再加上对韩国浓厚而深邃的感情，故而他心存国仇家恨，立誓灭秦。

韩亡后，秦在韩地设置了颖川郡，并将郡治定在阳翟。不少韩国遗老靠着过去积攒的家产，安然度日。张良却无心过这种悠闲的生活，心想"好男儿志在四方，应该胸怀大志，济世扶危"，决心离开韩地出去闯闯。恰逢此时，张良的弟弟突然暴病而亡，他便再也没有牵挂。他埋葬了弟弟，然后将家产全部变卖，离开了生活了十几年的郑城。

张良向东南行了约二百里，来到了陈（今河南省东部的淮阳）。见陈地城市不大，但经济繁荣，文化也比较发达，有不少文人儒士在这里办学讲礼。张良心想自己虽读过一些书，但父亲早丧，又连年战乱，无暇专注于读书，与朋友交往中已深感自己知识匮乏，于是决定在陈地拜师学艺，另一方面也寻访志同道合的勇士。

张良拜了陈地一名儒生为师，起早贪黑，专心致志，学到了不少知识，对当时盛行的儒家、墨家、道家、法家、阴阳家、纵横家等各家的学说有了大概

的了解。他觉得孟子的议论语言犀利，善于辩论；庄子的文章汪洋博大，想象丰富；荀子的文章气势磅礴，说理透彻；韩非子的文章峻峭犀利，锋芒毕露。但更令张良深感遗憾的是他没能读到过任何一本兵书。

转眼一年过去了。这天，先生把张良叫到跟前

中国古代谋士

说：“在我教过的学生中，你是最出色、最有抱负的一个。现在我所知道的差不多都传授给你了，你无须再在此空耗时光了，还是另请高明吧。”

先生顿了顿，接着说：“在东夷的仓海有我的一位好朋友，现在是秦朝的一名官吏，人称仓海君，他与你有同样的抱负，你去找他吧。”

张良也认为不能在陈地永远地待下去，便跪下磕头道：“一年来，承蒙恩师倾囊教诲，学生受益匪浅，终生不忘。学生愿前往东海求教仓海君，待日后成就大业，再回报恩师。”于是，张良挥泪拜别了先生，朝东夷而去。

不日，张良来到仓海。这仓海本是一处海滨小镇，百姓多以打鱼为生。张良打听仓海君其人，竟无人不晓，人们对他争相称颂。原来，秦灭了六国以后，派了许多人到各地做官。这些人多是一介武夫，并没有什么才能，但他们却以胜利者自居，作威作福，欺压百姓。仓海镇的秦吏更是残暴无比。仓海君本是当地一个富家子弟，很有头脑。他见秦吏横行，便在一天夜里将秦吏请到家中，用酒灌醉将其杀死，然后又把一贯与秦吏狼狈为奸的人打得半死，捆绑起来，作为杀死秦吏的凶手，押到郡所。郡守见“凶手”已经不省人事，便传来知情百姓审问。乡亲们纷纷作证，说杀死秦吏的正是这个人。郡守信以为真，下令斩首“凶手”，并委任缉拿凶手有功之人为仓海长官。从此，这仓海君的名字就传开了，而他真正的名字却被人遗忘了。

张良见到仓海君，介绍了自己的身世，转达了陈地老师的问候，说明了来意。仓海君与张良一见如故，待他格外热情。两人相谈甚欢，引为至交。谈及当今天下形势，张良不禁怒骂秦始皇是个暴君，说：“秦始皇不除，天下就难以太平。”

仓海君也有同感，但他心有所系，道：“像你这样的义士，实在可敬可佩。但我在这里冒着生命危险，保护这一方的百姓，也帮不了你什么。不过本地有个壮士，说不定能为你所用。”

仓海君饮了一杯酒，接着说：“这壮士早年丧父，与母亲相依为命。常年出海打鱼，练就了健壮的体魄和剽悍的性格，力能千斤。前两年他正要娶一个渔家少女为妻，恰逢秦朝派的官吏来到此地，抢走了他的未婚妻。壮士找秦吏理论，却反遭一顿毒打。从此他不再打鱼，改持刀卖肉，伺机报仇。后来听说未婚妻被送到秦都咸阳做了宫女，便一心想着闯秦宫，救出自己的未婚妻。如果让他跟随你，说不定能助你一臂之力。”

张良听罢，急求仓海君代为引见。于是，仓海君便唤来壮士。张良见这壮士身材魁梧、膀大腰圆、双目圆睁、动作敏捷，非常满意。仓海君则把张良的情况向壮士介绍一番。壮士不禁对张良万分佩服。两人推杯换盏，结为生死弟兄。

适逢秦始皇二十九年（公元前 218 年），秦始皇嬴政率大队人马，离京东巡。张良得知秦始皇将途经阳武，便与壮士特意锻造了便于投掷的铁锥，重百二十斤（约合今制五十斤），事先隐藏在博浪沙的树丛中。博浪沙在阳武县城南不远处，是一道沙丘，形似波浪，人称博浪沙。沙丘上长着一丛丛灌木，异常稠密，非常隐秘。

这天一早，壮士手握铁锥，在那树丛中隐蔽起来，直到中午，看到十几名武士骑马过来。他断定是皇帝的开路先锋，所以一动没动。又过了一会，大队车马行来，旌旗飘动，车声隆隆，尘土飞扬。眼见有一辆车子格外豪华，断定里面坐着的就是霸占他未婚妻的暴君秦始皇，壮士便憋足了劲，猛地站起，将铁锥投向那辆车子，然后转身穿过丛林匆匆逃离。

此时的张良镇定了一下自己的情绪，冷静了下来，对壮士说：“此次无论击中与否，贤弟已经报仇雪恨，留下了千古美名。皇帝遭此一击，官府必定大肆搜捕，情况紧急，我们不能在此久留。你我就此分离，你先回仓海照顾老母，我也远离此地，另寻生路。”说完二人洒泪而别。

且说壮士的那一锥，正中那辆豪华的车子。但这是秦始皇的副车，并没有击中秦始皇。事后，秦始皇下令悬榜通缉刺客，张良不得不隐姓埋名，逃匿于下邳（今江苏睢宁北），静候风声。

一日黄昏，张良闲步沂水桥头，遇一穿着粗布短袍的老翁，手拄一根拐杖而来。这老翁走到张良的身边，故意把鞋脱落桥下，然后傲慢地差使张良道：“小子，到桥下把我的鞋子拾上来！”张良愕然，心想，这老者真无礼，莫非找碴讹诈不成？但他还是强忍心中的不满，跑到桥下，违心地把鞋子拾了上来。张良正要把鞋子递给老翁，老翁却又跷起脚来，命张良给他穿上。此时的张良虽已怒不可遏，但因他已久历人间沧桑，饱经漂泊生活的种种磨难，深感生活的艰难，内心较年少时隐忍了许多，因而强压怒火，单膝跪于老者身前，小心翼翼地帮老人穿好鞋。不曾想老者非但不谢，反而仰天大笑，径直离去。张良呆视良久，心中满是疑惑，心想今天真是怪事连连。他正想着，却见那老翁走出里许之地，似乎想起了什么，又蹒跚着返回桥上，对张良赞叹道："孺子可教矣。五天后天亮时，仍来此桥上见我。"张良不知何意，但还是恭恭敬敬地应诺。

第五天，鸡鸣时分，张良急匆匆地赶到桥上。见老者早已提前来到桥上，并一脸怒气地斥责张良说："与老人有约，怎么可以误时？五日后你再来吧！"说罢离去。又过了五天，张良再次晚老人一步，而老人仍约定五日后再来桥上。第三次，张良索性半夜就到桥上等候。这次他终于通过了考验，老者高兴地说："与老人约会，就应该这样。"说完，老者从怀中取出一卷书送给张良，说："读此书，把它研读透彻了，将来可以做帝王之师。天下时局不久必然动荡，十年后你可用此书兴邦立国。十三年后你再来济北见我。"说罢，扬长而去。这位老人就是传说中的黄石公，亦称"圯上老人"。

张良送走老者，抱着书回到住处，在灯下一看，乃是《太公兵法》。太公就是姜太公，又称姜子牙、太公望。传说他上知天文，下知地理，对天下大事了如指掌。他以"愿者上钩"一事获得周文王的赏识，后辅佐文王之子周武王讨伐商纣，建立了西周王朝。《太公兵法》就是他总结自己作战经验而著成的。张良得此兵书，喜出望外，从此日夜研习，不但对治国韬略、统军之法、御敌之术等熟记于心，而且从中了解了朝代兴亡的玄机，终于成为一个深明韬略、文武兼备、足智多谋的"谋才"。而"孺子可教"的故事也在民间流传至今，成为我国古代文化宣扬"孝义"的典范。

（二）留邑之会　辅佐韩王

张良自得圯上之书，便在下邳专心研习。其间发生了三件大事：

其一，张良再会好友项伯。项伯，名缠，是楚国大将项燕的二公子。一次项燕出使韩国，项伯随行，曾在相府同张良相会。十年后，二人在下邳城中偶然相遇，同为六国贵族后人，同样的落魄境况，使两人结下了深厚的友谊。在以后的楚汉之争中，项伯成为扭转战局的关键人物。

其二，秦始皇之死。公元前210年，秦始皇第五次东巡，至平原津生病。七月丙寅日，秦始皇死于沙丘平台。丞相李斯怕皇子及民间势力乘机制造变故，对此严守秘密，将尸体放在既密闭又通风的辒车中。重臣赵高勾结胡亥、李斯，谎称秦始皇遗诏立胡亥为太子，并写信给公子扶苏、蒙恬，列举他们的罪状，逼其自杀。此后按计划巡行，行经直道回到咸阳，这才宣布发丧。胡亥袭位为二世皇帝。张良得此消息，万分喜悦，他预感到天下将有大事发生。

其三，公元前209年秦二世征发淮河流域的900名贫苦农民去防守渔阳（今北京密云）。佣农出身的陈胜和贫农出身的吴广被指定为屯长。当他们走到蕲县大泽乡（今安徽宿县西南）的时候，连绵的阴雨把他们阻隔在这里，不能如期赶到渔阳戍地。按照秦法规定，误了期限就要全部被处死。陈胜、吴广二人商议："今亡（逃亡）亦死，举大计亦死，等死，死国可乎？"于是决定起义反抗暴秦的统治。在起义军的影响下，许多郡县农民杀掉当地官员，响应陈胜。刘邦在沛县、项梁在吴、彭越在巨野也先后举事，全国性的反秦局面形成了。

此时身处下邳的张良听说四方兵起，兴奋不已。他也聚集了百余人准备去投靠陈胜手下秦嘉所拥立的楚王景驹。但走到留邑，碰到了刘邦所率领的几千人马。他对刘邦早有耳闻，又见其手下萧何、曹参、樊哙、夏侯婴等一班文臣干将甚有气象，内心大为震惊。进而交谈中，刘邦居然对军机、治国、朝代兴衰等都能一一体会，点评精到。张良不禁感叹："沛公气概，天下难寻。"心中暗暗决意辅佐刘邦。由此开始了两人君臣和合的序幕。

之后，刘邦以接受项梁指挥为条件，向其借兵，打败雍齿，夺回丰邑。而此时的项梁义军已发展到十万人，成为对抗秦军的起义队伍中最强的一支。为出师有名，项梁又接受谋臣范增的建议，于秦二世二年（公元前208年）六月拥立前楚怀王的孙子为王，建都于盱台（今江苏盱眙东北），仍称楚怀王。从此，反秦起义战争进入了一个新的阶段。

张良眼见秦末起义的形势日渐明朗，便决心复兴韩国，于是向项梁提出请求，希望立韩国的公子韩成为王。项梁也想开辟反秦的新势力，便

任命张良为韩司徒，率千余人进军颍川地区。

在张良与秦军周旋于颍川的日子里，项梁因轻敌，于秦二世二年（公元前208年）九月，被秦军主力章邯打败。面对项梁战死后的颓势，楚怀王对起义军进行休整整顿，将吕臣和项羽的军队合并，以项羽为鲁王，封长安侯；以刘邦为武安侯，并决意进攻关中，宣布："先入定关中者为王。"

秦二世三年（公元前207年）九月，秦军攻赵，大破赵军，赵王歇和张耳退守巨鹿，并向楚怀王求救。十月，楚怀王以宋义为上将军，项羽为次将，范增为末将，北上救赵。大军行至安阳，却停止前进。项羽急于复仇，不满宋义保存实力，激于义愤，杀宋义。英布等诸将推举项羽为假上将军，楚怀王不得不承认项羽的上将军身份。十二月，项羽主力渡河，并下令破釜沉舟，烧毁庐舍，"持三日粮，视士必死，无还心"。以迅雷之势围杀秦军，九战九捷，俘秦大将王离，一举解救了赵国，取得了辉煌的战果。

项羽在北方战场节节胜利的同时，刘邦军经砀、阳城、杠里、粟地、昌邑，到达开封，并与张良会合。原来张良自与韩王成进入韩国故地后，因兵力有限，一些城池得而复失，进展并不大。得知刘邦挥师西进，在开封受阻，便率军协助刘邦。张良以为开封城高池深，难以攻破，不如派少量军队包围开封，虚张声势，并不强攻，以引诱秦军来援，并事先在开封西边设伏，必能成功。刘邦依计而行，果然大败秦将杨熊。随后，张良又协助刘邦顺利攻陷韩地十几个城池，并安排韩王成居守阳翟，自己则与张良等继续向南阳郡进发。

二、反秦扶汉

（一）张良献策 入关灭秦

刘邦军顺利行至南阳郡宛城，刘邦急于入关，见宛城坚固，一时难以攻取，便打算绕过宛城继续西进。张良认为不妥，劝道："主公不想进攻宛城，想来是急于入关。但前途还有多股秦军，险阻甚多；而宛城人口众多，物资丰足，若宛城军从背后攻击，我军将进退两难，更不用说灭秦了。所谓欲速则不达，请主公三思。"刘邦似有所悟，急令各军连夜疾行，天未亮，已将宛城包围，准备攻城。城内南阳太守本以为刘邦大军远去，不想去而复返，连连叫苦，便要拔剑自刎。幸得舍人陈恢劝止，说愿替太守请降。

陈恢至刘邦军营，劝说刘邦道："我听说楚怀王事先有约，谁先打进咸阳，谁就做关中王。将军为什么一定要攻占宛城呢？宛城是个大城，治下还有数座县城，宛城的官吏、兵士和百姓都认为投降必死，所以宁愿拼死守城。将军若是一定要攻打宛城，必然也会伤亡很大，那时攻城不下，旷日持久，不但不能抢先入关，而且背后还会受到宛城守军的牵制。我为将军打算，不如接受宛城投降，使宛城守军、官吏仍任原职，留守宛城，而把宛城的士兵编入您的军队，同去西征。这样，其他各县见到宛城的士兵编入您的队伍，也会开城迎接将军。将军就可以兵不血刃，直取咸阳了。"

在旁的张良忙向刘邦点头，又给刘邦使眼色。刘邦会意，便对陈恢说："依先生之言，这事就交给你办了。"

陈恢立刻告辞回城。时间不长，果然城门大开，宛城太守亲自出城，迎接

刘邦。这样，刘邦就不费吹灰之力地占领了宛城，解除了西进的后顾之忧。刘邦兵威大振，南阳郡的其他城池见太守已降，也纷纷起而效仿，望风而降。刘邦军继续向关中前进。

正值刘邦军顺利进军时，秦朝内部发生了一场政变：赵高逼死秦二世，立子婴为秦王；子婴则捕

中国古代谋士

杀赵高。刘邦看到秦朝政局动荡，又犯了急于入关的毛病。大军行至峣关，峣关地形险要，是武关以西靠近咸阳的最后一关。刘邦见秦军负隅顽抗，一怒之下，下令不惜一切代价攻城。张良连忙劝止，说："秦朝内部虽然发生了政变，但是子婴即位以后，诛杀了赵高，名正言顺，再加上防守秦都咸阳的军力还很强，不可以操之

过急。"刘邦意识到自己的冒进，赶紧请教进攻之法。于是张良献了一个智取的计策，说："知己知彼，百战不殆。听说峣关守将商奉的父亲是个屠夫。这种市侩小人，只要用点财币就可以打动他的心了。您可以一面派先遣部队，在四周山上增设大量军队的旗号，虚张声势，作为疑兵。另一方面则遣能言之人，带上金银财宝引诱他投降。"刘邦照张良的计策，立即下令数千将士，登上峣关附近的高地，遍插旗帜，以惑秦军心。又派郦食其前往诱降。果然，在金银珠宝面前，商奉欣然投降，并表示愿与刘邦联合攻秦。刘邦大喜，张良却神色凝重起来。他冷静地分析道："商奉见财眼开，竟不与手下商量就一口答应，但他是刚调任的新守将，他的部下未必都会服从投降。万一士卒不从，后果将不堪设想。不如趁秦兵松懈不备一举消灭他们。"刘邦连连点头，率兵向峣关突然发起攻击，结果秦军大败。就这样，通往秦都咸阳的最后一个关口也被攻陷了。

前所未有的胜利不曾冲散张良的理智，他劝刘邦不要进攻咸阳。因为咸阳毕竟是秦朝的都城，还有众多守卫王宫的兵士。若强攻势必会破坏宫殿楼阁，也会殃及城中百姓。不如派使臣劝降秦王子婴。刘邦表示认同，当即下令驻军灞上，并命萧何起草招降文告。秦王子婴见义军兵临城下，大势已去，只好乘素车白马，持玉玺符节，开城出降。至此，雄霸四方、威震海内的大秦帝国灭亡了。

刘邦进军关中的进程能够如此顺利，除了秦军主力都在疲于应对项羽军队以外，重要的是在进军途中，刘邦诚恳地接受了张良等人的建议，才能够过关斩将，并迫使秦王子婴投降。在反秦战争中，张良很好地扮演了一个得力的谋士角色，也开始在战略上为刘邦谋划下一步的行动路线。

（二）安抚关中　鸿门奇谋

刘邦大军进入咸阳，看到那豪华的宫殿、美貌的宫女和大量的珍宝异物，

许多人忘乎所以，以为可以尽享天下了。刘邦见到豪华的宫殿，美貌的女嫔，也不禁为之倾倒，想留在宫中，安享富贵。面对从未有过的浮华景象，幸而还有三个人保持着清醒的头脑：一个是樊哙，他冒死进谏，斥责刘邦"要做富家翁"，但刘邦不予理睬；另一个是萧何，进入咸阳以后，不顾金银珠宝，眼中只有丞相府的文书档案，这些资料后来成为汉初治国的重要依据；还有一个就是张良。他见樊哙苦谏无用，便问沛公："主公起兵时，人不过一百，地不过一城；今日队伍几万，又占领了秦都咸阳，主公以为自己是靠什么取得这些胜利的呢？"

"主要靠萧何、曹参等人的运筹、谋划。"

"不对。"

"靠樊哙、周勃等将领的出色战绩。"

"不对。"

"靠沛县子弟的英勇顽强。"

"不对。"

"靠友军的配合、百姓的支援。"

"不对。"

刘邦无语，张良则大声说："暴秦！"

刘邦惊愕地说，"我与暴秦不共戴天，怎么会依靠它取得胜利呢？"

张良正色道："如果秦始皇统一天下以后，政治清明，爱惜百姓，主公还会造反吗？如果秦二世不是在后宫醉生梦死，而是幡然悔悟，励精图治，清除奸佞，富国强兵，主公还能顺利来到关中吗？"

刘邦不语。

张良趁热打铁，进而解释到："今诸侯遍地，都想着入关，若主公贪图享乐，则危在旦夕。古人言'良药苦口利于病，忠言逆耳利于行'，愿主公接纳樊哙之言，离开咸阳，还军霸上。"

张良语气平和，但软中有硬，一语中的，尤其是话中对古今成败的揭示以及"无道秦""助桀为虐"等苛刻字眼，隐隐地刺疼了刘邦近乎沉醉的心。这种紧打慢唱的手法，果然奏效。刘邦愉快地接受了这卓有远见的规劝，立即下令：封府库，闭宫室，还军灞上。

在此期间，张良还建议刘邦召集父老豪杰，与之约法三章："杀人者死，伤人及盗抵罪。"并通告四方："余悉除去秦法。诸吏人皆安诸如故。凡吾所以来，非有所侵暴，勿恐。"另外，还派人与秦吏一起巡行各地，晓谕此意。这一系列措施博得了秦民的一致拥戴，争先恐后用牛羊酒食慰劳军士。刘邦见状，又命令军士不要接受，传出话去："军中粮食充足，不要劳民破费了。"秦地百姓听罢此言，越发高兴，唯恐刘邦不为秦地之王。

刘邦在张良的建议下，采取的安民措施，不仅争取到秦故地人民的支持，更为他日后经营关中，并以此为根据地与西楚霸王项羽争夺天下奠定了良好的政治基础。在这一过程中，显示出张良杰出的治国才能和政治谋略。

公元前 206 年，项羽率诸侯军队抵达函谷关（今河南灵宝东北）。刘邦命令守军紧闭关门，阻止诸侯军队进关。项羽得知刘邦已攻下咸阳，十分恼怒，正赶上刘邦部下曹无伤密告项羽，说："沛公要在关中称王。"项羽立即命令英布督军强攻。同年十二月，项羽大军攻破函谷关，进驻新丰、鸿门（今陕西临潼东北），要与刘邦决一死战。

按当时的实力对比，刘邦是无论如何也不能与项羽一战的。幸而项羽的小叔父项伯前来刘邦军中私见张良。原来这项伯当年因逃罪躲在下邳城，曾受到张良搭救。二人志趣相投，结为至交。项伯担心楚汉一战张良必为楚军所杀，乃深夜潜入刘邦军中把消息告诉了张良。张良苦于无计可施，见项伯前来，计上心头，说："我奉了韩王成之命，送沛公入关，现在沛公危在旦夕，我却悄悄地逃走，实为不义。待我禀明沛公，再行定夺。"随即面见沛公，将原委和盘托出。沛公大惊失色，不知所措。张良问："主公是不是派军队把守着函谷关？"

刘邦应承说："是。"

张良道："事情就坏在这里。刚才楚左尹项伯说项羽明日就来攻营，特来劝我躲避。以主公看，咱们能敌得住项羽吗？"

刘邦沉思良久，低声道："恐怕不能。"

张良进而分析道："当务之急是打消项羽对主公的疑虑，使他放弃进攻主公的计划。请您去告诉项伯，说您不敢背叛项王。明日亲自向项羽赔礼谢罪。"

刘邦问："项伯和你，谁的年龄大？"

张良说："项伯长我几岁。"

于是，刘邦对张良说："你替我把项伯请进来，我要像对待兄长一样对待他。"

张良再三邀请项伯入帐见刘邦。项伯进帐后，刘邦亲自为项伯斟酒，并结了儿女亲家。当项伯酒酣耳热之时，刘邦委屈地说："我入关以后，封府库，秋毫不敢取，专待项将军到来。之所以派军士把守函谷关，是因为暴秦新亡，为了防备山林盗贼窜入，并无阻挡项将军之意。听闻项将军义气大度，是贤明之人。烦请将军转达我的心意，明日我就亲自前往项将军营中赔礼谢罪。"项伯见刘邦情真意切，信以为真，便答应下来。

项伯连夜驰回鸿门，把刘邦的话都转告给了项羽，并说："沛公入关以后，财货不敢取，宫女不敢近，还将府库封锁，专等将军入关，商讨处置，连降王子婴也不敢擅自发落。今沛公灭秦有功，而将军却要讨伐，是为不仁啊。况且他答应明日亲自前来赔礼谢罪，足见其诚恳。"

经项伯一番疏通，使原本已经剑拔弩张的局势终于稍稍缓解。

且说第二日，刘邦只带张良、樊哙、夏侯婴等及百余兵士来到楚营。一见项羽，刘邦立即施礼道："臣与将军合力攻秦，将军战河北，我战河南，虽兵分两路，但都为暴秦。臣幸得先入关破秦，得以在此见到将军。如今小人进献谗言，致使将军与我结怨，还望将军明察。"

项羽见刘邦只带百余人前来赴宴，又是一副毕恭毕敬的样子，不禁放松了

警惕，说："这都是沛公身边的左司马曹无伤进了谗言，才使我错怪了将军。"说罢，命人上酒款待。

席间，项羽谋臣范增几次示意项羽杀掉沛公，项羽却只顾畅饮，并不理睬。范增便托词离席，到帐外找到项羽的堂弟项庄，授意他借舞剑助兴，伺机杀掉刘邦。张良看出其意，急用眼光示意项伯。项伯拔剑与项庄对舞，时时用身体保护刘邦。

张良见情势不妙，赶紧出帐找到将军樊哙，命其速去护驾。樊哙乃持剑拥盾，直入军帐，面对项羽，怒目而视，头发上指。项羽一惊，忙问："此是何人？"

张良答道："沛公随从卫士樊哙。"

项羽随口称赞道："好一个壮士！赐他一碗好酒。"

樊哙接酒一饮而尽，再劝再饮，并借机陈述沛公的劳苦和忠义，指责项羽心胸狭窄道："当初楚怀王约定：先入关者王。现在沛公首先攻破秦关，不但没有称王，还退兵灞上，不动一丝一毫，日夜等待项将军到来。这种大功不但不赏，反而听信小人挑拨，谋害有功之人。我真为将军担心啊，担心您是不是走亡秦的老路。"

樊哙的慷慨之词，铿锵有力，数落得项羽无言以对。

刘邦见项羽有点醉了，就借如厕，走出军帐。张良也伺机跟出，并劝沛公赶快回到灞上。刘邦虽感有失礼数，但因张良坚持，便匆匆离开楚营。只留张良向项羽辞谢。

张良估计刘邦已经回到灞上军营，便进入军帐去见项羽，说："沛公不胜酒力，怕酒醉失礼，不能当面辞行，特让我待他答谢，并奉上白璧一双，献给将军，玉斗一对，献给亚父。"项羽无奈，只好收下白璧，不了了之。范增气得把玉斗摔到地上，拔剑击得粉碎，愤怒地说："竖子（对项羽的轻蔑称谓）不足与谋。夺项王天下之人，必为沛公。"而刘邦回到灞上，第一件事就是杀掉了卖主的曹无伤。

在这次生死攸关的斗争中，张良以其大智大勇，既巧妙地帮助刘邦安全脱离虎口，又使项羽内部埋下了君臣相隙的祸根。"鸿门宴"也因此而成为我国从古至今为人们所津津乐道的经典智谋故事。

一代谋圣——张良

三、再入关中

（一）明修栈道　暗度陈仓

鸿门宴后几日，项羽领兵进入咸阳，对咸阳实行了大屠杀政策，杀死了秦降王子婴，又疯狂地烧毁秦宫室，掠夺宫中财货、美女运回家乡。

此时的项羽功高盖主，骄傲自满，将楚怀王"先入关者王"的约定抛至脑后，在戏下主持裂土分封。分封的结果是将全国划分为十九个割据区域。项羽自立为西楚霸王，统辖梁、楚之地九郡，都彭城。其余立十八王，其中刘邦封到偏僻的巴蜀、汉中，称为汉王。项羽、范增疑惧刘邦会抢夺天下，又封三名秦降将于关中，以牵制刘邦；以章邯为雍王，统咸阳以西，都废邱；以司马欣为塞王，王咸阳以东至黄河；以董翳为翟王，治上郡，都高奴。刘邦对此心中怨恨，想率兵攻击项羽，后经萧何、张良一再劝阻，这才决定隐忍不发。于是，公元前206年，诸侯皆各自就国。

此时的张良心怀故国，决定暂时离开刘邦返回韩国再事韩王成。临行前，张良为刘邦谋划入蜀后的行动方针：一方面养民致贤，励精图治，谋求发展；另一方面，静待时机，还定三秦。刘邦心中不舍，赐金百镒，珠二斗。张良又将金珠转赠项伯，并请他向项王请求加封刘邦汉中地区。这样，刘邦建都南郑（今陕西南郑县东北），占据了秦岭以南的巴、蜀、汉中三郡。

七月，张良送汉王至褒中，再次提醒刘邦不要忘记敌我力量悬殊，认为应尽量麻痹项羽，避免与其过早进行军事对抗，并分析了项羽与东方的田荣、彭越等人的矛盾以及乘隙发展的机遇。张良见褒中地势险要，群山环抱，沿途都是悬崖峭壁，只有栈道凌空高架，以度行人，别无他途。便建议刘邦全部烧毁入蜀的栈道，既表示无东顾之意，以消除项羽的猜忌，同时也可防备他人的袭击。刘邦依计而行，烧掉了沿途的栈道。张良此计，可谓用心良苦，它为刘邦的巩固发展和日后东进，取得了重要的保证。
刘邦入汉中后，励精图治，积极休整。同年八月，刘
邦用大将韩信之谋，避开雍王章邯的正面防御，乘机
从故道"暗度陈仓"（今陕西宝鸡），从侧面出其不
意地打败了雍王章邯、塞王司马欣和翟王董翳，一举
平定三秦，夺取了关中宝地。略定三秦，刘邦倚据富
饶、形胜的关中地区，便可以与项羽逐鹿天下了。一

个"明烧"，一个"暗度"，张、韩携手，珠联璧合，"明修栈道，暗度陈仓"
也成为历史上的一段脍炙人口的佳话。

　　项羽得知刘邦还定三秦，重新占有关中，怒不可遏，决定率军征讨。张良
早有预料，便作书于项羽说："汉王失职，欲得关中，如约即止，不敢东。"同
时又把齐王田荣谋叛之事告知项羽，说："齐国欲与赵联兵灭楚，大敌当前，
灭顶之灾，不可不防。"此信既为刘邦还定三秦做了合理的解释，稍消项羽的怒
气，又将项羽的注意力转移到了东方，从而为刘邦赢得了休养生息的时间。

　　张良成功将楚军引往齐国战场的同时，得知韩王成被项羽杀害的消息。原
来，当初楚军入关经过韩地时，韩王成以韩地政局不稳为由，没有跟随楚军一
起入关，对此项羽耿耿于怀。后将韩王成带往彭城，撤去韩王封号，改封为侯。
但项羽仍不解心头之恨，考虑再三，最后将韩王杀掉。如此，张良"相韩"的
梦想彻底破灭，不得不再次离开韩国故地返回关中。

　　刘邦见到张良欣喜万分，封张良为成信侯。这期间，张良专心辅助刘邦，
利用大好时机，一面加强关中的巩固建设，增强防御能力；一面向东扩张军事
力量，一度形成对楚都彭城的包围之势。

　　汉王二年（公元前205年）冬，张良等筹划组织了迁都栎阳，以利于对关
东战争的统筹。同时宣布招降政策，带领一万人或者以一郡地方来降者，封为
万户侯，还将秦朝的皇家园囿分给百姓耕种。

　　军事上，刘邦亲率军队出函谷关西征。在洛阳听取新城县老者董公建议，
发布檄文说：

　　"天下共立义帝，北面事之。今项羽故杀义帝于江南，大逆不道。寡人亲
为义帝发丧，兵皆缟素。悉发关中兵，收河南、河东、河内之士，愿随从诸侯
王，南浮江汉以下，讨伐楚国杀义帝的元凶！"

一代谋圣——张良

这样，刘邦以讨伐项羽诛杀义帝之罪为号召，占据了舆论的优势，得到了诸侯各王的支持，包括常山王张耳、河南王申阳、韩王信、魏王豹、殷王司马卬等。诸侯大军浩浩荡荡经雍丘杀向楚都彭城。

此时楚军主力已随项羽北上伐齐，彭城守军十分薄弱，根本无法抵挡刘邦大军，于是刘邦毫不费力地占领了彭城。

（二）下邑之谋　驳斥郦生

直捣楚都彭城后，刘邦被这轻而易举得到的胜利冲昏了头脑，不但没有采取恰当的政治、经济措施，安抚此地，赢得人心，反而恶习复发，得意忘形之余大肆收集财宝、美女，整日置酒宴会，结果给项羽回军解救赢得了时机。项羽闻知彭城失陷，立即亲率三万精兵，从小路火速赶回，急救彭城。刘邦的数十万乌合之师难以协调指挥，连粮饷都筹备不齐，所以一经接战，便遭惨败，退到城东北的谷水和泗水交汇处。前有大河，后有追兵，船少人多，强渡不及，被歼灭及落水者十余万。余部溃逃至灵璧（今安徽宿县西北）以东的睢水。面对楚军的强大攻势，联军争相跳水逃命，因水深流急，人多拥挤，相互践踏，又有十余万人葬身鱼腹。刘邦本人被楚军追赶，其父及妻子都被楚军掳走。途中为减轻车重，还几次将自己的两个孩子推到车下，幸得夏侯婴坚持，才保住孩子的性命。这两个孩子就是日后的鲁元公主和太子刘盈。至此，塞王、翟王、陈余等许多诸侯王又望风转舵，纷纷背汉向楚。刘邦在军事上再度遭受重大挫折，大好的形势得而复失。

刘邦狼狈逃至下邑，面对彭城的惨败深感沮丧，听到诸王的背叛又一筹莫展，不知如何是好。自从起兵以来他从没有经历过这么大的挫折、遭到过这样大的惨败、遇到过这样大的难关。他召来众臣，问道："目前形势严峻，军心不稳。有谁能帮我力挽狂澜，战败项羽呢？若能助我成功，我愿意以整个关东作为封赏。"

众臣面面相觑，似有为难之情，便都把目光落到了张良身上。

张良会意，答道："目前形势，如大王所说，确实非常严峻。大王率军出关之后，好不容易把反楚的诸侯聚集起来，可是彭城一战，形势大变，齐、赵、魏等国又相继背叛。汉军已经退到荥阳，若再退，就只好返回关中了。

而如果失掉荥阳以西的险要地形，再要出关就比登天还难了。不过大王也应该看到，楚军目前看来强大，于汉军对峙于荥阳，其实并没那么可怕。因为赵国的陈余、齐国的田横、魏国的魏豹虽然背叛，但他们想的只是割据称王，并不真心拥护项羽，大王仍然可以遣使劝归。至于能够力挽狂澜的，我看只有英布、彭越、韩信三人了。九江王英布本来是项王的部将，但项王攻打齐地时，英布却借口生病，不亲自前往，只让部将带了几千人前去；汉军攻破彭城时，英布又坐视观望，托病不助，因此项王非常生气，曾几次遣使责备他。彭越早就不满意项王，曾转战梁地，与楚军周旋。这两个人都是天下枭雄，紧急之时，都可以利用。而汉军之中，只有大将军韩信可以独当一面，胜此大任。到那时，大王率主力从正面抗击楚军，韩信、彭越从侧翼包抄，英布在后面骚扰，不就可以变被动为主动了吗？只要用好这三个人，楚军可破。"这就是有名的"下邑之谋"。

刘邦听罢，认为这确实是一个以弱制强的妙计，对三将的分析也句句在理，特别是对韩信的评价，更使他心中一动。早在汉中拜将论兵时，刘邦就意识到韩信是难得的将才；而韩信所献的"明修栈道，暗度陈仓"之计，使汉军出其不意地重返关中。所以立即遣使急入关中，去请韩信；同时派能言之士随萧何去策反九江王英布，派郦食其去劝归魏王魏豹，又鼓动彭越加紧骚扰楚军。

"下邑之谋"虽然不是全面的战略计划，但它构成了刘邦关于楚汉战场计划的重要内容。虽然魏王并未被劝归，但韩信很快率军灭魏，使项羽又失一有力臂膀。正是在张良的谋划下，一个内外联合共击项羽的军事联盟终于形成，扭转了楚汉战争的局势，使刘邦由战略防御转为战略进攻。事实证明了张良"下邑之谋"的深谋远虑，最后兵围垓下打败项羽，主要依靠的正是这三支军事力量。

汉三年（公元前204年）冬，楚军兵围汉王于荥阳，双方相持不下，成胶着状态。范增献计项羽攻击汉军粮仓"敖仓"，切断了荥阳大军的后勤供应。刘邦深感形势严峻，寝食难安。谋士郦食其进帐献计说："项羽倾国而来，锐气

一代谋圣——张良

正盛，不可与之强敌。为大王计，只有分封诸侯，立六国之后为王，壮大声势，并牵制楚军，使其分兵，方可解荥阳之围。从前，商汤讨伐夏桀，分封了夏王桀的后裔，使商朝得以安定；武王讨伐商纣，分封了商族后裔，使周朝的基业得以稳固；而后来的秦国灭亡六国，使诸侯王的后代无立锥之地，才导致了天下大乱，二世而亡。今大王若能重新扶立六国的后裔，其君臣、百姓必然对大王感恩戴德，甘愿做大王的臣民，拥汉反楚。这样一来，楚王必然成为孤家寡人，四面受敌，还有什么力量与大王抗衡呢？"

刘邦正苦于无计可施，听了郦食其的一番言论，自以为可行，便命人刻制印玺，准备让郦生分别送往六国。

在这关键时刻，张良外出归来，拜见刘邦。刘邦一边吃饭，一边把实行分封的主张说给张良，并问此计如何。张良听罢大惊，忙问："这是谁给陛下出的主意？若行此计，一切都完了！"

刘邦一听，立刻愣了，将手中的筷子放下，疑惑地说："这是郦生所献之计，后果会有如此严重吗？"

张良便拿起筷子，在餐桌上边画边说："以前商汤、武王之所以封夏桀、商纣的子孙，是因为估计到自己能控制住局势，掌握着那些人的生死，他们兴不起大浪来。而如今大王能致项王于死命吗？"

刘邦沉吟道："现在恐怕不能。"

"第二，周武王进驻商都朝歌之后，宣扬纣王时的贤人尚容得德性，释放了被囚禁的箕子，翻修了比干的坟墓。而现在大王能做到这样吗？"

"寡人现在与项羽胜负未分，怕不能做到。"

"第三，武王灭商以后，曾发放巨桥粮仓的粮食和鹿台府库的钱物，赈济贫苦百姓。如今大王能做到吗？"

"现在士兵的军粮仍捉襟见肘，哪来的粮食去发放呢？"

"还有，武王灭商以后，返回周都，就将战车改作乘车，将兵器倒置起来，以向天下人表示不再用兵；把战马放养到华山之阳，以示不再驱用征战；把牛牧到桃林北面，以示不再用它们运输粮食辎重。所有这些，大王显然也不能做到。

另外，天下豪杰背井离乡，抛弃父母妻子，冒着生命为相跟随大王转战各地，还不是想胜利后获得一点封地。倘若大王重立六国后裔为王，而将跟随大王的豪杰放归故里，侍奉父母，大王还依靠谁去争夺天下呢？况且当今天下，楚国最强，倘若复立六国后裔为王，他们必定不会感激大王，是为了保住自己的王位，屈从于强楚，怎么会心甘情愿地臣服于大王呢？这就是不可以封立六国的理由。如果采纳了郦生之计，大王的一切不就全完了吗？"

刘邦听到这里，将口中还未咽下的饭粒猛地吐出，骂道："郦生这个书呆子，差点坏了我的大事！"说罢，下令将制好的印玺销毁。

张良劝阻刘邦分封六国，不仅避免了众立诸王所带来的未知变故，而且为战胜项羽以后的统一全国消除了阻力。张良的分析，真是字字珠玑、精妙至极，且切中要害。他看到古今时移势异，因而得出绝不能照抄照搬"古圣先贤"之法的结论。尤其重要的是，张良认为封土赐爵是一种很有吸引力的奖掖手段，赏赐给战争中的有功之臣，用以鼓励天下将士追随汉王，使分封成为一种维系将士之心的重要措施。如果反其道而行之，还靠什么激励将士从而取得胜利呢？张良鞭辟入里的分析，较之昔日请立韩王，处心积虑地"复韩"的思想认识，显然是一个飞跃，这在中国古代政治思想史上占有重要一页。难怪 1700 年之后，还被明人李贽情不自禁地赞叹为"快论"。

四、楚汉争霸

（一）纪信救主　巧夺兵权

汉军被围于荥阳，粮道断绝，苦于无计。这时手下重臣纪信说："现在最要紧的是大王的安全。常言说，留得青山在，不怕没柴烧。即使荥阳丢失，守卫荥阳的汉军兵败失散，只要有大王在，就可以树立旗帜，重建队伍，与楚王再战。末将想出一法，定然可以骗过楚军，使大王安全出城。"然后如此这般地说了一番。刘邦听了，眼含泪水。站在一旁的张良也为之动容。刘邦静默良久，终于同意了。

张良见刘邦采纳了纪信的意见，商议了一下，迅速草写了一封降书，就遣使出城，送给项羽。项羽打开书信，上写的是，汉军已到山穷水尽的地步，为使城中房舍免遭战火焚烧，城中百姓不再受战争之苦，双方将士不再相互屠杀，汉王愿今夜从东门而出，献城乞降，盼项王开恩接纳。项王读罢大喜，汉王要献城乞降的消息也在军中传开，他们眼巴巴地等待着夜幕的降临。

夜半时分，荥阳城东门果然打开，许多妇女儿童从城中走出。楚军兵士担心有诈，特别是怕汉王混在百姓之中跑掉。问及出城理由，都说："汉军守城多日，百姓们也曾全力协助。时至今日，胜利无望，汉王情愿投降项王，并将曾协助过汉军的百姓也交给了楚军发落。汉王让我们先走一步，他随后就到。"

楚军听了，便分立两旁，让开行路。一时间，东门外人马蜂拥，把其他三门处的楚军也都招引过来。这时，突见身披铠甲的武士列队而出，武士的后面是一辆装饰华丽的车子。军士们一拥而上，争相观看汉王的模样。项羽借火把

观看，不仅大吃一惊：这哪里是什么汉王，不过是汉将纪信！项羽厉声喝问："你胆敢假冒汉王！汉王哪里去了？"

纪信从容答道："汉王肩负大任，岂肯轻易降你。在围城楚军聚集到东门之时，汉王已经从西门脱身出围了。"

项羽闻听，暴跳如雷，下令楚军纵火烧死了纪信。就这样，忠义的纪信被项羽残暴地杀害。

且说刘邦狼狈逃回关中后，命萧何迅速征召了几万军队，攻打成皋，以解荥阳之围。但项羽得知刘邦脱险，盛怒之下很快攻占了荥阳，并准备向成皋进军。军情传入成皋，刘邦不免大惊，自思荥阳已失，成皋难保，便趁着天色未明，逃出北门，直到黄河岸边。面对滔滔河水，刘邦茫然无措，张良道："臣闻陈余、赵王歇兵败之后，赵地并未平静，大将军韩信仍然驻军赵地，与张耳四处剿扶。过河就是赵地，我们不如先找到韩信，再图后事。"

刘邦闻罢，只好依张良之言，找了渡船，渡过黄河，行至修武城。此时韩信军营正在修武，刘邦不禁喜出望外，就想立刻去见他。张良及时制止说："韩信离开大王已经很久了，一直没有联系，现在他手握重兵，又有大将军印。而大王却是孤身一人，万一韩信起了歹心，后果不堪设想。"经张良一说，刘邦不禁也害怕起来。张良想了一个办法，向刘邦交代明白，然后说："如此这般，即可成功。"

第二天清晨，刘邦与夏侯婴径直来到韩信、张耳的军营中，谎称奉汉王之命，有急事要报大将军。营兵听说有王命，不敢阻拦，只说大将军尚未起床，须入营禀报。刘邦并不多说，而是急步进入内帐。内帐卫士认出是汉王，慌忙行礼。刘邦赶忙摆手，示意他不要声张，并命其引入韩信卧室。此时，韩信还在睡梦之中，刘邦悄悄走到塌旁，见案上摆放着兵符，当即拿到手中，走出帐来，命军吏传召诸将。诸将还以为是韩信临时点兵，急忙赶来，见是汉王手握兵符，都慌忙跪拜。

韩信、张耳被唤醒后出帐，却见诸将跪伏，而接受跪伏的竟是汉王刘邦，忙伏地请罪道："臣等不知大王驾到，有失远迎，罪该万死！"

刘邦笑道："大将军请起。在外领兵，军情复杂，要事事小心才是啊！"

韩信、张耳羞得满脸通红。还以为大王有重兵到了赵地，所以不敢抬头，只是连连称是。

刘邦扶起韩信，问道："寡人准许大将军灭燕伐齐，然后会攻楚国，怎么现在还停滞在赵地呢？"

韩信恐慌道："只是因为赵地尚未平定，臣担心率兵东进会腹背受敌。今幸有大王在这里，臣当引兵东去伐齐。"

刘邦应承道："大将军所言极是。不过现在局势有变，故特命张耳率领本部速回赵都镇守；拜大将军为汉相国，在赵地另募兵丁东伐齐国；驻守修武的将士留下来，由寡人率领，迎战楚军精锐。"

蒙在鼓里的韩信本来就为刘邦的突然到来惶恐不安，现在又被拜为汉相国，自然心甘情愿地将自己的军队交给汉王，辞别而去，另招兵马，准备攻击齐国。

这样，刘邦遵循张良的计策，轻而易举地收了韩信的队伍，顿时精神大振。再次兴兵进攻成皋。

此时刚刚平定梁地的项王，忽闻成皋再次失守，立即率楚军主力再次西上，与刘邦决战。此次西来，项羽并没有时间做充足的物质准备，只是急想与刘邦尽早决战。可是刘邦占据险要位置，又有充足的粮食，就是坚守，避而不战。

转眼几个月过去了，楚军的粮食已经渐渐不足，不能再拖下去了。项羽想起刘邦的父亲、妻子，便下令将太公（刘邦的父亲）押到阵前，放在一个宰猪案上，恶狠狠地说："刘季！你再不投降，我就把你老子剁成肉酱！"

刘邦见此情形，大吃一惊。张良却安慰道："大王不必惊慌。项王因为我军坚不出战，才想到这么个馊主意，我们万万不能上当啊。再说项羽身边还有项伯。项伯是项王的叔父，又与大王结成了儿女姻亲，此人处事谨慎，料事周到，定然会劝阻项王，不会真的杀掉太公的。"

刘邦听了，才强打精神，对着项羽冷冷地说："当初为推翻暴秦，我和你一起举义，曾结拜为兄弟。我的老子就是你的老子，你如果忍心把你我的老子做成肉羹，就请分我一碗尝尝。"

项羽不料刘邦要无赖，气急就要杀死太公。项伯赶忙劝阻道："楚汉相争，胜负还很难料定。你现在杀死了太公，不但不能挫伤汉军的锐气，反而会给自己留下一个坏名声。而留着太公，倒还可以时时牵制汉王。"

项羽无奈，只好听从项伯的劝告，命人将太公重新押回军营。随后又派使者向汉王挑衅说："现在天下汹汹，百姓不宁，无非是因为我们两个人互不相让。我愿意和你一决雌雄，以免天下的父子兄弟都白白被你我弄得疲惫不堪。”

刘邦明知项羽天生神力，自然不会同意单打独斗，便笑着回答使者说：“我情愿斗智，不想斗力。”

项羽无计可施，命令几名壮士出营挑战。汉军营中走出来一位名叫楼烦的射手应战，只几个回合，楚军壮士都被楼烦射杀。

项羽大怒，亲自披甲挑战。楼烦又想射箭，项羽两只铜铃大眼一瞪，大喝一声，竟将楼烦吓呆了。楼烦目不能视，手不能射，逃入营垒，再也不敢出来。

刘邦见楼烦吓成这副模样，自然更不会应战项羽的挑衅，只是说：“项羽，你知道你犯了十条大罪吗？第一大罪是负约。当初我与你同时受命于怀王，约定先入关中者王，你却负约逼我到蜀汉。第二大罪，你自处尊位。第三大罪，救赵以后，你不复命，却劫持诸侯入关。第四大罪，怀王指示入秦以后不得暴掠，你却烧秦宫室，抢走财宝。第五大罪，杀死已经投降的秦王子婴。第六大罪，以欺诈手段坑杀秦子弟二十万人于新安。第七大罪，将最好的地盘分封给自己的将领，而放逐、迁徙原诸侯王，令各诸侯国争斗不休。第八大罪，将义帝逐出彭城，自占彭城为都，夺韩王的土地，又占梁楚之地为王。第九大罪，派人暗杀义帝于江南。第十大罪，为人臣而杀其主，杀害已降，为政不公，主约不信，大逆不道，天理难容。”

项羽大怒，伏弩射中刘邦，乘势冲杀过来。

刘邦胸部中箭，怕士气受挫，用手摸脚，嚷道：“贼子射中我的脚趾了。”

回营后，刘邦伤口疼痛不已，卧床不起。张良担心楚军乘势进攻，劝刘邦勉强起来慰问看望将士，以安定军心。然后，才驰往成皋。

（二）抚慰韩彭　垓下之战

正值刘邦与项羽在西线对峙的时候，东线战场形势却在急剧变化。在梁地，彭越屡次袭击楚军，断绝广武一线楚军的粮食供给。在齐地，韩信顺利进军，势如破竹。他先是平定了魏、代、赵、燕等地，接着又占据了齐国的故地，这些都对楚军造成了巨大的威胁。

韩信定齐以后，名闻天下。他派人致函刘邦说："齐国人诡诈多变，这是个反复无常、难以控制的国家，而且又南临楚国，如果不设立一个名义上的齐王，局势很难安定。现在我的权力太小，只是韩国的一个相国，不足以安定局面，请大王立我为假齐王。"

此时刘邦的箭伤刚刚稳定，见是韩信使者送书要求封王，大怒，骂道："我如今被围于广武，日夜盼他韩信前来援助我，他却想自立为王！真气煞我也。"

张良见刘邦骂韩信，非同小可，慌忙从刘邦身后轻轻地碰刘邦的脚，小声对他说："现今汉军困于广武，您能禁止韩信自立为王吗？不如依他，好好待他，命他守住齐地，否则，立刻会发生变故！"

刘邦马上领会了张良的意图，转口骂道："大丈夫平定诸侯，立下大功，要做就做真王，何必做什么假王！"刘邦本来就爱骂人，有此一骂本不足为奇，况且先后衔接自然，天衣无缝，竟然没露出什么破绽。

骂完，当场派张良为特使，前往临淄封韩信为齐王，并征派韩信的军队进攻楚国。

授印齐王，虽然是刘邦对韩信的暂时妥协，但这个顺水人情和权宜之计，居然笼住了韩信，成功地解决了汉内部的权位矛盾，赢得了楚汉天平上关键的一个筹码。对此，东汉荀悦曾有一句极为中肯的评价，他说："取非其有（指齐地本非刘邦所有）以予于人，行虚惠而获实福。"稳住韩信以后，楚汉战争的形势发生了重大的转折。

汉四年（公元前203年）七月，刘邦又封英布为淮南王。同时下令，军士不幸死亡的，上司要为他敛尸于棺，转送到死亡军士的家中，这一政策大得人心。

这时的项羽却真正地感到了自己的失道寡助，终归斗不过刘邦。加上彭越的骚扰，军粮供应日益吃紧，韩信、樊哙从东面进击楚国，后方形势吃紧，项羽心中充满焦虑和担忧。

不过刘邦屯兵广武，旷日持久，也早已疲惫。同时，刘邦的父亲、妻子一直作为人质被扣留楚军，随时可能有不测。于是刘邦派人与项羽谈判，双方约定，中分天下，分割鸿沟以

中国古代谋士

西地方归汉，以东地区属楚，项羽送还刘邦的父亲、妻子，从此罢战休兵，项羽于九月向东撤兵。

刘邦接回父亲和妻子，见项羽军队如约东撤，也打算向西撤兵。张良却劝阻刘邦说："眼下汉军已经占有大半天下，而各地诸侯也归附于汉。楚国则士卒疲惫，军粮殆尽。这正是灭亡楚国的大好时机啊。如果不乘此良机一鼓作气攻取楚国，就会养虎为患，祸害无穷！"

刘邦再一次听从了张良的建议。

汉五年（公元前202年）十月，刘邦通知彭越、韩信，共击楚军。自己亲率大军追击楚军至阳夏（今河南太康）南部，再进至固陵，却未见韩信、彭越军队前来参战，结果被楚军打得大败。汉军只好退入壁垒坚守。

针对彭越、韩信的不受命出兵，张良心知肚明，便建议刘邦道："夫主将之法，务揽英雄之心。现在，破楚在即，韩信、彭越却不出兵，只不过是想增加自己的封地罢了。大王若肯与他们共有天下之地，分割而封之，他们肯定会立即前来。齐王韩信，是他自己向大王提出要求封他为王的，并非大王主动授予，所以韩信虽然做了齐王，心中却不踏实。平定梁地，本来是仰仗彭越，但当初大王因为魏王豹是真正的魏王后代，只拜彭越为魏相国，以魏豹为王。而今魏豹已死，彭越自然也想称王，大王却迟迟不予分封。现在大王不妨封彭越为梁王，将睢阳（今河南商丘县南）以北到谷城（今山东东阿县）的地区封给他，再把陈以东直到沿海封给韩信。如果这样分封，那么他们必然立刻前来，灭楚也就指日可待了。"

刘邦依张良的对策，再派使者封王加地，果然，韩信、彭越很快引兵前来。于是，在十二月，刘邦调集的韩信、彭越、英布、刘贾各路军队四十多万，将项羽包围于垓下。楚军只有十万，陷入重重包围之中，军粮断绝，屡战不胜。

入夜，项羽在帐中听楚军营外四面楚歌，大惊。此时项羽最爱的美人虞姬自刎而亡。项羽悲愤万分，翻身上马，带领八百骑士，连夜冲出了重围。

天亮后，汉军发现项羽已突围，便令灌婴领五千骑追击。

至东城（今安徽定远县东南），项羽环顾左右，只剩下二十八骑，而追兵却是黑压压的一大片。

项羽自知无法脱身，对骑士们说："我起兵至今已八年，身经七十余战。

所当者破，所击者服，未曾败北，得以称霸天下。然而今天终于被困于此，此天亡我，非作战之过失！今天我已必死，但在死前我仍要三胜敌军，斩敌将，砍敌旗，然后死。令诸位知道是天亡我，而非我用兵不当。"

说罢，冲杀追兵。几经作战，项羽杀汉军数百人，自己也有十余处受伤。看到眼前汉军将领吕马童面熟，便对他说："你我相识吗?"

马童不敢正视，对王翳说："这便是项王。"

项羽说："听说汉王以千金和封邑万户求购我的头颅，我这就给你吧。"于是横剑自刎。中国历史上的悲剧英雄——项羽就此走完了自己史诗般的生命历程。长达四年之久的楚汉战争，最终以刘邦的胜利而告终。

汉五年二月，刘邦正式即帝位，史称汉高祖。同年五月，汉高祖在洛阳南宫举行庆功大典，大宴群臣。席间，觥筹交错，君臣共饮。刘邦显得特别高兴，当论及楚所以失天下，汉所以得天下时，刘邦道出其中的关键在于并用三杰（即萧何、张良、韩信）。他语中盛赞张良道："运筹帷幄之中，决胜千里之外，吾不如子房（张良的字）。"

五、传奇人生

（一）劝都关中　谏封雍齿

刘邦在楚汉之争中胜出后，面临的最大任务便是建立新政权。在政权所在地的选择上，刘邦同样也是依靠张良决策。

当时，有一名戍卒娄敬，他路过洛阳时，通过虞将军的引见面谒刘邦，劝说刘邦迁离洛阳，定都关中。

刘邦认为定都之事关系重大，于是召集群臣商议。群臣多数是关东人，当然不愿意离开洛阳去关中了，他们说："洛阳东有成皋，西有崤山和渑池隘道，背倚黄河向洛水，同样有险可守，无须定都关中。而且周朝建都洛阳，国运数百年之久；秦朝建都关中只传两世即灭亡，哪个有利哪个有弊，这是很明显的。"

刘邦心中很难抉择，再次想到了张良。

张良向刘邦分析说："洛阳诚然东有成皋，西有崤山和渑池，背靠黄河，面向洛水，有险固之处，但是洛阳地区地域太狭小，方圆不过数百里，而且土地贫瘠，出产不多，又四面受敌，不适合作为都城。关中地区，左有崤山、函谷关天险，右有陇蜀的塞隘；中部平原，沃野千里；南面的巴蜀地区资源丰富，北面又适于畜牧。西面、南面、北面都是天然的屏障，只须少量军队就可以固守，只有东部地区面对诸侯，所受军事威胁要小很多。在诸侯安定的时候，诸侯的粮食物品可以沿着黄河、渭水大量供给关中京师。而一旦诸侯有变，关中军粮充足，便可以顺流而下，提供军输。所以，关中地区，可以说是金城千里、天府之国，娄敬建议定都关中是对的。"

张良看问题，总具有全局的、战略的眼光。他的每一次分析都全面透彻，堪称完美无缺。听完张良的意见，刘邦心中的疑虑尽消，即刻下令建都长安。

实际上，张良肯定娄敬建都长安的建议，对稳定新生的汉政权，确有战略意义。因为，刘邦先后分封了许多诸侯王，即楚王韩信、淮南王英布、梁王彭越、赵王张敖、韩王信、衡山王吴芮、闽越王无诸、南越王赵佗等。这些诸侯王中，除吴芮、无诸、赵佗在本国起保境安民的作用外，其余诸王都拥有强大的兵力，各据一方，可与朝廷对峙抗争。而刘邦也以这些诸侯王的势力为心腹大患，并用了七年的时间，处心积虑地将他们一一消灭。

汉六年（公元前201年）分封功臣。虽然张良从未单独带兵打仗，但刘邦不顾群臣争议，封张良三万户，由他本人在齐国地区挑选。

张良从来不在乎利禄，他婉转地答谢说："当年臣下在下邳起事，得幸与皇上相会于去留城的路上，这是上天把臣下我授给陛下，以辅佐陛下为民除暴解危。此后，陛下采纳臣下的计谋，幸而不时起到积极作用，如陛下因此要分封臣下，那就将我与陛下第一次相会的地方，也就是留邑，封给臣下，臣下就满足了。三万户之封，臣不敢当！"

刘邦了解张良的脾气，便按照张良的意思，封留邑给张良，称留侯。

但是，随后刘邦才封了二十余人，就无法分封下去了。因为大家都为分封争吵不休，难有分晓。

有一天，刘邦与张良在洛阳南宫旁漫步，远远地看见一些将领三五成群地聚在一起商量什么。刘邦便问："那些人神神秘秘的，在做什么呢？"

张良对这些将领们的心态都了如指掌，回答道："陛下还没有注意到吗？他们是想谋反呢。"

刘邦有些惊讶，问："现在天下刚开始安定，为什么又要谋反呢？"

张良于是停下脚步，对刘邦分析道："在开始起事反秦的时候，陛下与这帮将领们一样都是老百姓，出身低微。如今您做了天子，您所封的是像萧何、曹参等那帮亲人，所诛杀的是平生仇怨之人。这段日子军吏都在核对功绩，可以肯定，天下虽大，也不足以令所有的将士得到分封。这些人半生戎马，流血流汗，却不一定得到分赏，说不定还会因为什么小过错就被陛下诛杀，心里当然不服。于是就相聚想要谋反了。"

刘邦又问怎么办。张良反问刘邦："群臣上下，人人都知道，您生平最讨厌的人是谁？"

刘邦说："那就是雍齿了。雍齿与我有旧怨，还屡次当众侮辱我。我真想杀了他，只是由于他立下不少功劳，不忍杀。"

张良马上接着说："请陛下立即先封雍齿。这就可以做给群臣看，让他们知道您封赏了自己最讨厌的一个功臣。这样，其他有小过失而惧怕您疑心诛杀的人，就可以放心，不会再谋反了。"

刘邦当即降旨设宴，宣布封雍齿为什方侯，并令丞相御史尽快办理定功行封的手续。宴会散后，群臣心情轻松多了，大家都高兴地说："连雍齿这种被皇上讨厌的人都分封为侯了，我们还紧张什么呢?"

张良此举，不仅纠正了刘邦任人唯亲、徇私行赏的弊端，而且轻而易举地缓和了矛盾，避免了一场可能发生的动乱。他这种安一仇而坚众心的权术，也常常为后世政客们如法炮制。

（二）明哲保身　传奇人生

张良素来体弱多病，自从汉高祖入都关中，天下初定，他便托辞多病，闭门不出。随着刘邦皇位的渐次稳固，张良逐步从"帝者师"退居"帝者宾"的地位，遵循着可有可无、时进时止的处事原则。在汉初刘邦剪灭异姓王的残酷斗争中，张良极少参与谋划。在西汉皇室的明争暗斗中，张良也恪守"疏不问亲"的遗训。

张良自从随刘邦迁都长安以后，即告病不问政事。他还解释说："先祖先父都曾经是韩国的宰相，韩国被灭后，我散尽万贯家财，为国人报仇。现在凭三寸不烂之舌，居然成为帝王的左右，受封万户，位为列侯。对一个士人来说，算是走到了巅峰，应该知足了。从此以后，我要舍弃一切世俗事务，悠闲地追随赤松子修道。"

看到汉朝政权日益巩固，国家大事有人筹划，自己"为韩报仇强秦"的政治目的和"封万户、位列侯"的个人目标亦已达到，一生的夙愿基本满足。再加上身染病患，体弱多疾，又目睹彭越、韩信等有功之臣的悲惨结局，联想范蠡、文种兴越后的或逃或死，深悟"狡兔死，走狗烹；飞鸟尽，良弓藏；敌国破，谋臣亡"的哲理，惧怕既得利益的复失，更害怕韩信等人的命运落到自己身上，张良乃自请告退，摒弃人间万事，专心修道养精，崇信黄老之学，静居

一代谋圣——张良

行气，欲轻身成仙。但吕后感德张良，劝他毋自苦，张良最后还是听从了劝告，没有遁入空门。

以后，他真的很少出门，一心在家练习导引、辟谷之术，独自享受怡然自得的人生。

张良不仅有高明的处世策略，还有卓越的生活态度。不过，即便是张良如此想要超脱凡俗，寻找自我，也很难真正逃脱世事纠缠。

汉王七年（公元前 200 年），由于太子的废立问题，张良又被牵入政治。

这年前后，刘邦一心想废太子刘盈，改立自己宠爱的戚夫人所生的儿子赵王如意为太子。大臣们极力反对，但没有效果。刘盈的母亲吕后很是焦急，不知道该怎么办。

这是有人提醒吕后说："留侯子房先生足智多谋，皇上对他的话言听计从。"吕后便派自己的弟弟建成侯吕泽专程找张良求教。

张良是宣称不见任何人的，吕泽只好强行闯入张良的庭院。见张良在练功，急切的吕泽也不讲客套，劈头就说："先生经常为皇上谋划，现在皇上要改立太子，您难道可以不闻不问吗？"

张良马上解释问题的要害，道："过去我幸而能为皇上谋划，而且得到皇上的信任，是由于那时皇上常常处于困难之中。现在天下安定，皇上是出于感情想改立太子。骨肉之间的事情，就是有一百个张良去劝说皇帝，也不会有效果的。"

吕泽仍然赖着要张良替他出个主意，近乎哀求，于是张良说："其实，这件事真是无法以口舌雄辩去解决。我知道有四位隐士，年岁都很大了，皇上对他们极为尊敬，有几次要请他们出山任职，为朝廷服务，他们都因为皇帝怠慢士人，逃匿山中，不愿出山做官。然而皇上仍然敬重他们。现在，你若能不吝惜金玉璧帛，派说客带上太子的亲笔信函，以谦卑的言辞、上等的车马去迎请四隐士，他们应该会来。等请了四隐士来，找个机会带他们上朝，让皇帝见到他们，应该会对太子有些帮助。"

这四名隐士，就是历史上的"商山四皓"。

一日，刘邦在宫中举行宴会。饮酒时，太子刘盈前来侍候，身后跟着进来四位须发皆白、神态飘

中国古代谋士

逸的老者。刘邦一看，觉得奇怪，就问：
"这几位老先生是谁？"

商山四皓见刘邦问话，当即回答：
"臣等四人是'商山四皓'。"

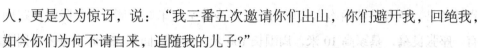

刘邦听了他们的名字，再一一看过四人，更是大为惊讶，说："我三番五次邀请你们出山，你们避开我，回绝我，如今你们为何不请自来，追随我的儿子？"

四人回答说："陛下轻视士人，又喜欢骂人，我们忍受不了轻蔑侮辱，所以不敢应召，宁愿避居深山。如今听说太子仁义孝顺，待人和气，敬爱士人，天下人莫不愿追随太子。所以我们相约前来。"

刘邦万万没有想到隐居商山的四位名士会前来投效太子刘盈，又想起元老大臣，尤其是张良，都反对自己改立太子，感到事情已经到了难以改易的地步，便对商山四皓表示："既然如此，就烦请四位老先生好好照顾调教太子吧。"

宴会结束，商山四皓随太子谢宴而出。刘邦看着四人的背影，对身边的戚夫人说："我们一直准备改立太子，但你看，太子有'商山四皓'这样的长者辅佐，羽翼已成，势难改动了。"于是，打消了改立太子的念头。

改立太子风波过去之后，张良干脆离开长安，告病还乡，隐居于屯留县东北的白云山中。

纵观张良的一生，不仅在臣子间受人敬仰，与人无隙，在君主心中也是一个一尘不染、超然洒脱的人物。因而在中国历史上，张良便成为一个具有传奇色彩的人物。

张良是汉初功臣中为数不多能得善终的人之一。刘邦建汉以后，不仅那些中途加入其阵营、关系较疏远的将领如韩信、英布、彭越遭受厄运，身亡族灭，就连那些与其关系亲密的人也不免被关押、抓捕的命运。张良的一生为何如此完美呢？首先恐怕是由于他树立了远大的理想。张良热爱自己的祖国和人民，在淮阳学礼，他就认同儒学理性学说，深明"盛衰之根源，治国之纲纪"。其次与他的智慧有关，张良的知识结构很完美。他的社会理想、文明追求来自儒学；他的战略理论来自兵家；他的赏罚严明的精神来自法家；而他的超脱的人生态度则来自道家。像这样，对前人的丰富多彩的文化遗产能兼收并蓄、取其所需、善加运用的，张良可谓千古一人。

一代谋圣——张良

张良的卒年，《史记》记为高后二年（公元前 186 年），《汉书》记为汉惠帝六年（公元前 189 年），此处存疑。

张良的晚年活动鲜为人知，所以被人们蒙上一层神秘色彩。而张良死后究竟葬于何处，也成为千古之谜。

关于张良的墓地，人们曾有多种猜测。一种观点认为，张良墓地在今河南省兰考县。兰考县城西南六公里的三义寨乡曹辛庄车站南侧，紧靠陇海铁路确有一座张良墓，墓冢高 10 米，周围长 100 米，保护区面积 35000 平方米。周围古柏环绕，郁郁葱葱，似有一定来历。另一种观点认为，刘邦死后，吕氏专权，张良便托病隐居于东昏县（今河南兰考）西南的白云山，死后就葬于该地。后世的戏曲、小说也有相似的描写，说张良纳还冠盖，辞朝学道，刘邦追至白云山，张良幻化而去，从此不知下落。可见这种看法是有所依据的。第三种观点认为，张良墓地在今徐州沛县。据唐代《括地志》记载："汉张良墓在徐州沛县东六十五里，与留城相近也。"又载："故留城在徐州沛县东南五十五里，今城内有张良庙也。"当初刘邦封侯的时候，曾许诺让张良"自择齐三万户"。但张良以在留城与刘邦首次相见为理由，要求封给他留城。既然封地在留，死后便理应葬于留城附近。这一看法以唐代文献为依据，且与史实较接近，也有一定说服力。还有人认为，张良墓地在今湖南张家界的青岩山。当地山水奇丽、林木清幽，是著名的风景区。据《仙释志》记载："张良，相传从赤松子游。有墓在青岩山，时隐时现。"《陵墓志》也记载："汉留侯张良墓，在青岩山。良得黄石公书后，从赤松子游。"邑中天门、青岩各山，多存遗迹。核以史实，张良确实曾在封侯之初，便向刘邦作了"愿弃人间事，欲从赤松子游"的表白。综合上述记载，说他晚年前往景色秀美的青岩山，隐居学道，死后即葬于该地，并不是不可能的。

张良虽是文弱之士，不曾挥戈迎战，却以军士谋略家著称。他一生反秦扶汉，功不可灭；筹划大事，事毕竟成。历来史家，无不倾墨记载他那深邃的才智，极口称赞他那神妙的权谋。北宋政治家王安石曾写诗赞道："汉业存亡俯仰中，留侯于此每从容。固陵始议韩彭地，复道方图雍齿封。"我们应该肯定张良的一生有助于秦亡汉立的历史进程，他在中国历史中的地位也值得我们重视，尽管人们对他还有非议，或者至少存在值得探讨的地方，比如前期反秦的动机及其暗杀秦王的不正当行为，但人无完人，不能以偏概全地刻意要求张良完美。

数百年后，李白曾路过下邳，感慨张良一生，境由心生，作诗道：

子房未虎啸，破产不为家。

沧海得壮士，椎秦博浪沙。

报韩虽不成，天地皆振动。

潜匿游下邳，岂曰非智勇？

我来圮桥上，怀古钦英风。

惟见碧流水，曾无黄石公。

叹息此人去，萧条徐泗空。

一代谋圣——张良

123

算无遗策——郭嘉

　　郭嘉（170-207 年），字奉孝，东汉颍川阳翟（今河南省禹州市）人。他是东汉至三国时曹操的谋士，史书上称他"才策谋略，世之奇士"。他才华横溢、多谋善断，在许多重大问题上都为曹操出谋划策，而且算无遗策，为曹操统一中国北方立下了卓越功勋，素有"曹操第一谋士"之称。同时，由于在政治、军事斗争中的突出贡献，他也成为东汉末年著名的政治家、军事家。

一、睿智少年　慎选明主

（一）生逢乱世却胸怀大志

郭嘉（170—207年），字奉孝，东汉颍川阳翟(今河南省禹州市) 人。郭嘉生活的东汉末年，天下动荡不宁，外戚宦官交替专权，朝政黑暗腐败。184年，在他15岁时，爆发了波澜壮阔的黄巾大起义，农民起义沉重地打击了东汉王朝，从根本上瓦解了它的反动统治。然而，就在这次大起义被残酷镇压下去之后，州郡牧守和世族豪强武装却乘机崛起，发展成为"大者连郡国，中者撄城邑，小者聚降陌"的大大小小的割据势力。他们相互吞并、烧杀抢掠，短短几年之间，就把黄河流域变成了一片荆棘丛生的荒原，给广大人民带来了深重的灾难。此后，东汉王朝虽竭尽全力镇压了农民起义，它自身却已名存实亡了。

郭嘉在天下大乱的形势之下，自己在家里刻苦读书，掌握了广博的政治、军事和历史知识，他奉行法家的政治思想，行为果敢干练。郭嘉出生于汉灵帝年间，其政治活动主要在东汉少帝、献帝时期。在他的青少年时代，东汉王朝的统治日趋腐朽，外戚和宦官交替执政，农民起义风起云涌。而他的家乡颍川阳翟又是三国时期著名谋士的集散地，各路群雄营帐中的谋略家大多源于此地。受当地文化氛围的熏陶和影响，郭嘉自年幼时就胸怀大志，他学习兵法韬略，与社会有志之士素有往来，期望着有朝一日能成就一番大的事业。

189年，都城洛阳又发生了惊天动地的大事变。大将军何进以辅政的身份，

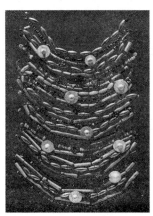

准备杀尽乱政的宦官。不料密谋泄露，宦官抢先动手，何进反而被杀。并州牧董卓带兵进京，专制朝政，胁迫大臣。又毒杀太后，擅自废立。在这种形势之下，190年，关东州牧、郡守纷纷起兵反抗，并推选袁绍做盟主，联合起来讨伐董卓。大约就在这个时候，为了显示自己的杰出才能，实现胸中的伟大抱负，郭嘉便走出家门，将视野投向纷乱的政治领域中，他注意观察社会政治形势，希望能够早日

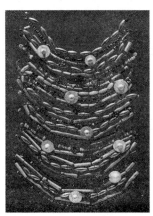 中国古代谋士

投靠英明的君主以实现自己建功立业的理想和抱负。

就在关东军兴起的时候，作为盟主的袁绍声势颇为浩大，袁氏家族已是门生故吏遍布天下。其实袁绍本人早就怀有逐鹿问鼎的政治野心，所以他在起兵后曾问部下："天下将是我袁绍的呢，还是那董卓的呢？"关东豪强兴兵，表面上打着为国除奸的旗号，而在董卓西迁后，却不见关东军西进的举动，

反而互相攻击、杀掠。192 年，董卓被王允和吕布二人合谋除掉。董卓的部将李傕、郭汜、樊稠、张济等人攻入长安，杀死王允及长安百姓一万多人。吕布败退出关，郭汜、李傕二人后来也被其下属所杀，凉州军阀势力基本上被消灭。

（二）先奔袁绍而后投曹操

郭嘉出身低微，青年时就有强烈的尊法反儒思想，他做事情不拘礼法，从来不把儒家的礼仪规范放在眼里，同时他对因割据势力所造成的四分五裂的社会政治局面也极为不满。他在 27 岁那年（196 年），怀着统一中国的雄心壮志投奔袁绍。袁绍一家，在东汉时累世做大官，是东汉末年的头号世族大地主。在关东军离散之后，袁绍首先夺取了冀州，并在各地网罗贤才。当时袁绍占据冀、并、青、幽四州，成为最大的割据势力。郭嘉听说袁绍能够礼贤下士，又因为袁氏家族当时声名显赫，名噪一时，他便前往投靠，并期望能够一展宏图，实现自己的理想和抱负。于是，郭嘉便投靠了拥有冀州、并州、青州、幽州，雄踞河北的袁绍。袁绍接收下郭嘉以后，让他做了司空祭酒，实际上相当于军事参谋。袁绍在他割据境内疯狂地推行儒家路线，使豪强任意妄为，相互兼并，而广大下层民众却要承担繁重的租赋徭役，即使倾家荡产也不足以应命，在此形势下的人民可谓是苦不堪言。而且他还妄图称帝，便造谣说："现在国家分裂衰亡了，上天将要垂青于我，要让我做皇帝了。"同时，由于袁绍本人表面上看起来宽容随和，而实际上却有很强烈的猜忌心理，喜欢贤才却不能够正确地任用贤才。

郭嘉认清了袁绍尊儒反法的反动本质，认为他要成就一番霸业是很困难的，也根本不可能完成统一全国的重任。郭嘉曾北行去见袁绍，对袁绍的谋臣辛评、

算无遗策——郭嘉

郭图说："明智的人能审慎周到地衡量他的主人，所以凡有举措都很周全，从而可以立功扬名。袁公只想要仿效周公的礼贤下士，却不太知道使用人才的道理。思虑多端而缺乏要领，喜欢谋划而没有决断，要想和他共同拯救国家危难，建立称霸称王的大业，实在很难啊！"所以他只在袁绍那里停留了几十天，就果断地辞去了袁绍所任命的职务，毅然决然地离开了袁绍，辗转回到家乡，等待时机以另寻明主。

在那样一个分裂动荡的年代里，郭嘉作为一个拥有超人才能的文人谋士，要想发挥自己的非凡才能，必须做到善于选择所要辅佐的对象，所谓"良禽择木而栖"，就是指优秀的人才应该选择能发挥自己才能的好地方和善用自己的好君主，这是他们作为谋士成功的首要条件。郭嘉曾说过："有智慧的人要善于选择英明威武的君主。"如果主人不是贤明有道的治世明君，而是一个平庸、懦弱，甚至愚蠢的人，那么，即使辅佐他的人才智过人最终也必将无济于事，甚至还会因主人的失败而招致杀身之祸。比如陈宫辅佐吕布后来被杀害，田丰追随袁绍，因谏阻袁绍征伐曹操而被袁绍下令监禁等都是如此。只有辅佐的对象英武有为，谋士的才干才能得以发挥，才能建功立业。比如后来周瑜之佐孙权，诸葛亮之辅刘备，都在历史上传为佳话。和郭嘉同郡的郭图，就因一味追随袁绍、袁谭父子，后因兵败而招致杀身之祸。类似的例子，历史上可谓不胜枚举，这既是士人的悲剧，也是时代的不幸。而作为谋略家的郭嘉，其高明之处，就在于他能准确地判定袁绍不过是徒有虚名，难以担当国家兴亡之重任，其失败的命运难以避免。

当郭嘉离开袁绍的时候，正在发展势力的曹操却有人才不足之感。此前，颍川著名谋士戏志才在曹操帐下效力，非常受器重。不幸，戏志才年纪轻轻就死去了。曹操给高参荀彧写信说："自从戏志才去世后，基本上没有能像戏志才那样可以与我谋略大事的人了。我听说汝、颍一带向来多出奇士，请问有谁可以继任戏志才的职务啊？"

郭嘉20岁左右时，正值东汉末天下大乱开始之时，他平时不与俗人应酬往来，暗中却很注意结交英雄豪杰。所以，当时一般人还不知道他的才能，只有那些和他相识而又志趣相投的英俊之士，

比如他的同乡荀彧和曹操帐中的谋士程昱等人，十分欣赏他的才华，他们便向曹操推荐了郭嘉。郭嘉与曹操两人初次见面，就纵论天下大势，探讨国家兴亡，畅谈治国用兵之道，十分投机默契。曹操是三国时期杰出的法家首领，在其统辖境内，法纪严明、人尽其才、生产恢复，一改东汉末年的黑暗混乱景象。郭嘉把袁绍统治的地区同曹操统治的地区作了对比，同时郭嘉对曹操的政治思想、军事韬略也很佩服，兴奋地对众人说："他才是我能够追随辅佐的真正主人啊！"曹操通过和郭嘉议论天下大事，觉察这个青年人具有卓越的见识和才能，对郭嘉的尊法反儒思想和多谋善断的才能十分赞赏，也高兴地说："使我能完成统一大业的，必然是这个人！"于是，曹操后来上表汉献帝，任命郭嘉为司空军祭酒，郭嘉担任的司空军祭酒，即司空府下的军师祭酒，是参谋军事的官职。从此，郭嘉就做了曹操麾下的军事高参，为曹操呕心沥血地谋划军机，郭嘉最终成为曹操的高级幕僚。

当时的曹操，已经占据兖州，又迎汉献帝定都许昌，可谓是"挟天子以令诸侯"，取得了政治上的主动权。在建安元年（196年），曹操采纳了毛玠、枣祗等人的建议，在许下实行屯田制，收获粮食百万斛，为解决军粮供应问题提供了最基本的物质保障。当然，如果与袁绍相比，曹操占有的地盘相对狭小，兵马不足，势力较弱。而郭嘉能果断地放弃表面强大的袁绍，转而选择了当时势力相对弱小的曹操作为自己安身立命的君主，这就充分表现出了他深邃的政治眼光和果敢断练的卓越才干。

二、屡建奇功　平定中原

（一）潜心收容刘备

　　曹操自在兖、豫二州建立根据地以来，屡次征伐，对群雄展开各个击破的战略，以解除后顾之忧，以便将来与袁绍放手一搏。而当曹操讨伐徐州时，不料后院起火，兖州后方发生了叛乱。陈留太守张邈在陈宫的劝说下，迎战吕布，企图趁机夺占兖州。幸亏荀彧、程昱等坚守鄄城、范县、东阿三城，使得曹操尚且可以进退有据。曹操闻讯后，引兵回救，在定陶、巨野两次战役中，大败吕布，才安定了当时紧张的局面。吕布战败后，逃到徐州依附刘备，以后又袭取了刘备的下邳（今江苏邳县），自称徐州牧。

　　汉献帝建安元年(196 年) 冬，吕布见到刘备收集到万余名兵士，势力渐大，心中不安，亲自率军进攻刘备，刘备战败，丧失根据地之后，便率众来投奔曹操。如何对待前来投靠的刘备，便成为一个迫在眉睫的问题，就在曹操犹豫不决的时候，荀彧对曹操说："刘备有雄心壮志，现在不趁早解决他，日后必定会成为祸患。"曹操又去询问郭嘉，郭嘉说："除去刘备看似有道理。刘备胸怀雄才大略，志在天下，深得民心，关羽、张飞乃天下名将，与刘备情深义重，生死相随。因此刘备肯定不会甘心久居他人之下。主公您以诛国贼、匡扶汉室为宗旨，但是您发动正义之师，是志在为天下百姓除残灭暴，大张旗鼓地招贤纳士，广罗人才，还恐怕他们不来。如今刘备有英雄之名，因走投无路来投靠您，您如果除掉他，就会背上杀害贤才的恶名。如此，则会使人人自危，另外

择主，您还与谁去平定天下呢！为了除去一己之祸患，而使天下人失望，是关系今后安危的大计，这中间的利害关系，轻重缓急，不可不详细考虑啊。"听了郭嘉的一番话，曹操打消了疑虑，他收留并厚待刘备，上表朝廷，任命刘备为豫州牧，增加刘备部下的军队，供给粮草。还让他向东进发，收集被打散的残部，以对付吕布。

　　郭嘉劝曹操收容刘备，虽然暂时笼络住了刘备，但曹

操的处境并不是非常安全稳固。那个时候，南有袁术、刘表、孙策、张鲁，北有袁绍、公孙瓒，东有吕布，西有马腾、韩遂、张扬，兖、豫二州又处在四方战斗之地，曹操集团实在是四面受敌。曹操与他的谋士们，日夜分析形势，研究如何才能击破中原群雄。他们意识到自己处于内线作战，又面临敌强我弱的不利态势；袁绍自然是最主要的敌人，而吕布却是最凶恶的敌人。于是，最终确定了"先弱后强，各个击破"的战略方针。

（二）急遽东征吕布

建安三年（198年）秋，曹操决定东征吕布。对此，曹军内部曾有不同意见，一些将领认为刘表、张绣在后，远征吕布，只怕有危险。之前，曹操询问荀彧和郭嘉道："袁绍不义，我想出兵讨伐，但实力又恐不敌，该怎么办呢？"荀彧主张先打吕布，认为"不先攻取吕布，河北（指袁绍）也不能够攻取"。郭嘉也说："袁绍正在北方围攻公孙瓒，可以乘此机会，东取吕布。如不先消灭吕布，一旦袁绍来犯，吕布再出兵援助他，那就为患大矣。"另一位谋士荀攸也认为："吕布骁勇无比，又依仗袁术帮助，如果任他纵横于淮水、泗水之间，一些豪杰一定会响应。现在乘他刚刚反叛之机，内部还众心不一，立刻前去攻打，必然能够成功。"

曹操采纳郭嘉的策略进攻吕布，曹军首战便攻破了吕布的重镇——彭城，俘获了彭城相侯楷，接着又攻至下邳，在下邳城郊和前来迎战的吕布交锋，打败了吕布的骑将成廉。广陵(今江苏扬州) 太守陈登背叛吕布，率领郡兵作为曹军的先锋。进抵下邳(今江苏邳县西南)。吕布屡次亲自出战，都大败而归，只好退守城池，不敢出战。曹军乘胜围城，写信劝吕布投降。吕布见曹军势大，心中害怕，想要投降。但谋士陈宫劝吕布率军出外截断曹军粮道，自己率众守城，等曹军粮尽，就可将其击溃。但吕布惑于妻子之言，担心城池失守，没有听从陈宫的建议。吕布派属官许记、王楷向袁术求救，袁术虽勉强答应，但只是动员军队，作为吕布的声援。吕布恐怕袁术因为自己的女儿不去而不发兵，就用绢帛将女儿裹住，绑到马上，乘夜亲自送女儿出城，但遇到曹操围城的军兵，曹军弓弩齐发，吕布无法通过，只好又退回城中。河内(今河南武卧西南)太守张杨一向与吕布关系较好，想去援救，但兵力不足，只能出驻野王县(今河南沁阳)东市，遥作声援。十一月，张杨的部将杨丑杀死张杨，响应曹操，至此，吕布的外援全部断绝。曹操命部下挖掘堑壕围困下邳，时间拖得很久，军中士卒疲惫不堪，曹操打算撤军。夜晚，天昏地暗，郭嘉对曹操说："我们可以在北门少置兵力，故意让吕布知晓，他必定会从此门突围求援，然后在半路埋伏兵力，杀他个片甲不回。"曹操连声叫好，按郭嘉的谋划去布置。

不出郭嘉所料，吕布果然从北门杀出，率千余骑向袁术求救，到半路上被数倍曹军围困，只身逃回下邳，从此不敢再出城应战。曹操久攻不下，便想退军。郭嘉等人竭力劝说曹操继续攻城，郭嘉分析说："吕布虽然骁勇，但没有智谋。他现在三战皆败锐气已衰竭了，三军以将为主，主将没有锐气，则士兵更无斗志。另外，吕布虽有陈宫作谋士，但吕布刚愎自用，加上陈宫的主意一向来得慢，如今正好乘吕布锐气尚未恢复，陈宫主意没有拿定之时，进军急攻。"

而疲师远征本为兵家大忌，大军屯坚城之下，若久攻不克，则尤为不利。现在，曹、吕两家都已疲惫不堪，谁能再坚持下去，谁就有获胜的希望。在这个关键时刻，听说曹操准备退兵，众谋士都非常焦急，荀攸力劝曹操万不可撤军。郭嘉紧接着说："过去项羽一生大小七十余战，未曾败北，一朝失势于垓下，却身死国亡。其原因，就在于他依仗自己的骁勇善战，却少谋略。如今，吕布同样有勇无谋，而且连吃败仗，锐气早已衰竭，勇力已尽。吕布的威力远不及项羽，而困败的窘状却有过之而无不及，在此形势之下，若乘胜猛攻，则下邳一定可拔，吕布必将受擒。"

到了秋天，阴雨连绵，泗水、沂水都涨满了。看到这一情况，经过实地勘察，荀攸、郭嘉又生一计：水攻。也就是挖泗水、沂水，淹灌下邳城，以水代兵。曹操正在一筹莫展之际，得此妙计，自然大喜，立即令士卒水攻。沂、泗河水，滚滚冲向下邳城。又过了一个来月，吕布更加急迫，在城上对曹军兵士说，你们不要再逼迫我，我要向明公自首。陈宫说，曹操不过是个逆贼，怎么配称明公，并指出现在投降，也保不住性命。吕布部将侯成丢失一匹好马，不久又找回来，诸将凑起礼物来向他祝贺。侯成设宴招待诸将，先分出酒肉献给吕布。吕布发怒说，我下令禁酒，而你们违令酿酒，

中国古代谋士

是打算借喝酒来共同算计我吗？侯成又气又怕。十二月癸酉(二十四日)，吕布的大将侯成、宋宪、魏续等人为了寻求生路，便发动兵变，绑了陈宫、高顺等率部投降曹操。吕布与余下亲信登上白门楼，曹军四面紧逼，吕布见大势已去，命令左右把他的人头砍下去投降曹操，左右不忍下手，吕布只好下楼投降。

曹操在白门楼上召集文武官员，惩办吕布。吕布这时还嫌把他绑得太紧，曹操笑着说："缚虎不得不紧啊！"吕布又表示愿降，向他求饶。曹操深恶吕布之反复无常，就立刻斩杀了他。曹操又挥泪杀了恩人陈宫，以礼收葬。至此，曹操便控制了黄河以南的大片地区。

由此看来，郭嘉非常善于分析天下形势，利用对方的矛盾，制订正确的战略战术来战胜对方。曹操迎汉献帝到许昌，在政治上，取得了"挟天子以令诸侯"的有利地位；在经济上，采纳枣祗的建议，实行屯田制，有了充足的粮食供应。然而，当时曹操却同时面对黄河以北的袁绍、以徐州为中心的吕布、荆州的刘表和淮南的袁术，四面受敌。郭嘉在详细分析了各方面形势的情况下，建议曹操要充分利用袁绍攻打幽州的公孙瓒，连年兴兵；刘表坐守荆州不思进取；袁术僭号称帝，众叛亲离的大好时机，首先剪除割据于徐州一带的吕布势力。曹操采纳了他的建议，于198年出兵徐州，攻打吕布。曹军三战三胜，但吕布的军队在下邳一带顽强抵抗。由于曹军远道作战，相持经月后，士卒疲惫，军需供应也有困难，曹操就想撤兵北归。郭嘉劝曹操：吕布同项羽一样有勇无谋，如今他每战必败，内无粮草，外无援兵。如果不趁机消灭他，一旦袁绍消灭公孙瓒后来支援吕布，会给主公的霸业酿成无穷的后患。然后又献计曹操，决沂水、泗水灌城，终于攻克了吕布的根据地徐州，吕布被诛，吕布割据势力土崩瓦解，黄淮地区(指黄河、淮河之间)纳入了曹操的势力范围。

郭嘉的分析，增强了曹操的信心，为曹操做出正确的战略决策提供了依据。曹操听从郭嘉等谋士的建议，乘袁绍进攻公孙朗之机，先消灭吕布，解除了自己的后顾之忧，然后用了两年多的时间，击败了袁绍、袁术、张绣等敌对势力，逐步由弱转强，为全力对付袁绍创造了有利条件。郭嘉其间追随曹操，屡出妙计，充分发挥了他作为高级参谋的辅佐作用。

三、巧论袁曹　足智多谋

（一）智论十胜十败

东汉献帝建安元年(196年)，曹操到洛阳迎接汉献帝迁都许县(今河南许昌市东)。从此，曹操把献帝控制在手中，形成"挟天子以令诸侯"的有利局面，开始了他扫除群雄、统一北方的进程。

而在当时，袁绍是曹操在北方最大的威胁。在官渡之战前，曹操一心想征伐袁绍，但是当时袁绍已经火并公孙瓒，兵众十余万，准备进攻许都。曹操想出兵抵抗，又担心兵力不敌，就对郭嘉说："袁绍拥有冀州之兵众，青、并二州也跟从他，地广兵强，兵力不比我们少，我想发兵征讨，而力不能敌，该怎么办呢?"郭嘉于是向曹操陈述了自己的预见，只要以智胜，袁绍虽强，最终必为所擒。概括了曹操十胜而袁绍十败，使曹操信心十足，大喜过望。他说："您有十胜，袁有十败，兵虽强，也没有用处啊。"

十胜的第一条是"道胜"。袁绍繁文缛节，全是虚套；而曹操不拘小节，豁达大度，顺乎自然。道，孙武谓"令民与上同免也"，即为政治，是内部、外部的团结与巩固。孙武把"道"作为分析战争胜负的"五事"之首。这就是说曹操安定社会的措施，顺应自然规律；袁绍则扰乱天下，民不聊生，这就首先在"道"上取得了胜利。这是从总体上着眼，对曹、袁优劣的评价和估量。郭嘉以人性为第一要义，列为十胜之首，可以看出当时一些士人对人的天性的重视。在中国，天道自然的思想源于道家。到了东汉，作为王充的哲学命题，已指出自然界的运动及发生发展是自然而然的，没有外在的支配力量。人的天性是自然的天性，理应顺乎自然。人本身具有自然力、生命力，是能动的、自由的自

然存在物，各有其禀赋、能力、情欲等等，人的本质是自然的、自由的。所以，不应该用"繁礼"强加约束。性格被束缚住了，天性的自然发展会受到抑制，人的本质力量便得不到充分发挥，封建时代的知识分子大都摆脱不了这

种禁锢。东汉末年，群雄并起，儒学独尊的局面受
到冲击。在此情势之下，顺应人的本性，反对繁文
缛节，为一些士人所重，以期施展才能，曹操和郭
嘉便属于此类知识分子。所谓"体任自然"，就是按
自然规律办事，充分发挥人的内在禀赋，不要被人
为的礼仪所束缚。当时曹操采取了一些安定社会的

措施，而袁绍却扰得民众不安，因而，郭嘉在分析曹、袁之优劣时，首先肯定
了曹操的"道胜"。

　　第二条是"义胜"。袁绍倒行逆施，而曹操顺应时代潮流，表率天下。即袁
绍违背潮流而动，曹操能迎天子都许。袁绍师出无名，曹操可以奉汉献帝之名
以令天下，名正而言顺，这就在"义"上胜过了袁绍。东汉末年，皇权衰败，
朝纲不振，汉献帝不过是军阀手中的招牌和旗号而已。不过，话说回来，皇帝
毕竟是封建政权的最高象征，是名义上天下的最高统治者。自春秋战国以来，
意欲称霸天下的权臣枭雄，都懂得打着天子的旗号对于扩充政治军事势力的重
要意义。建安元年（196 年），曹操奉迎汉献帝立都许昌。从此，曹操常以朝廷
天子的名义发号施令，堂而皇之，名正言顺地讨伐异己，以取得政治上的主动
权。这里，郭嘉主要讲了曹操能挟天子以令诸侯，在当时，这可以说是最大
的"义"。

　　第三条是"治胜"。汉末政失于宽，袁绍又以宽济宽，厚待豪强，使豪强擅
乱侵扰，他在自己的辖区内，非但没有纠正汉末弊政，反而对豪强大族更加放
纵，任令他们凌压百姓。豪强们为所欲为，广营田地，下民贫弱，却要代出租
赋，以至卖妻鬻子，也不足应命。袁绍谋士审配的宗族强大，竟招纳亡命，窝
藏罪犯。因此，其统治区内阶级矛盾激化，因而他不能统治民众。曹操针对袁
绍租赋繁重的弊端，免收河北当年租赋，打击豪强，百姓喜悦。

　　第四条是"度胜"。认为在用人问题上，袁绍外表宽怀内心猜忌，用人而疑
人，只重用亲戚子弟，历史上的袁绍的确是个不善用人的军事集团首领，也是
不识贤愚、刚愎自用之类人物的典型代表；而曹操外表平易，但内心机变精明，
用人不疑，不论亲疏远近，只要有才能就大用，这就在气度上胜过了袁绍。

　　第五条是"谋胜"。袁绍谋略不少但不决断，事后才醒悟；而曹操能看准就
干，随机应变。也就是说袁绍遇事多谋不能断，常常错失良机；而曹操处理大

算无遗策——郭嘉

事非常果断，善于随机应变，这就在谋略和决策方面超过了袁绍。

第六条是"德胜"。袁绍凭借世代名门的资本，大倡尊崇人才以博得好名声，那些夸夸其谈的所谓人才都归向他；而曹操能诚心待人才，不图虚名，以俭易作风垂范下属，赏赐有功者不吝啬，有真才实学的忠诚之士都归向他。因为袁绍依仗出身大族，沽名钓誉，跟从他的都是一些只务虚名而没有实际本领的人。而曹操以仁义和诚心待人，自己严谨俭朴，赏赐有功的人却慷慨大方，所以天下有才能而讲求实效的人都愿辅佐曹操，这就在德上胜过了袁绍。

第七条是"仁胜"。袁绍只看到眼前有人饥寒交迫，常把体恤之情表现在脸上，这只是妇人之仁罢了；而曹操对琐屑小事常常疏忽，对于军国大事思考得周详细致。曹操很重视发展生产、恢复经济、安定社会、惠泽下民。而袁绍放纵豪强、贪暴无比、民不堪命，却在些许小事上假仁假义。曹操的大施实惠于民，与袁绍的妇人之仁相比，大得民心。

第八条是"明胜"。袁绍的臣下争权夺位，谣言诽谤不绝于耳；而曹操能驾驭群下，谗言诽谤行不通。袁绍出身官宦世家，听惯了阿谀奉承的话，偏爱身边谄媚之徒，言听计从，而不喜欢直言进谏的人，不愿采纳他们的意见。袁绍本人浮躁而无大度，必然导致手下智者窝里互斗，大臣争权夺利，智谋反成了自身的瓦解剂。袁绍又听信谗言，为谗言所蒙蔽，结果正直的智谋者反遭陷害，卑鄙小人却横行无忌。曹操用人有方，谗言不行，内部团结，这就在"明"上超过了袁绍。

第九条是"文胜"。袁绍不分是非；而曹操能明断是非，赏罚分明。袁绍不辨是非，简直把种种不明是非的事情做到了极点。对他帐下各谋士将领之间的明争暗斗不仅不加以阻止和批评，反而纵容之，所以才有许攸之变和高览、张颌的临阵叛变，直接葬送了他的家业。而曹操善于以礼和法治国，他以国法治下，以军法治军，很少有法外施恩的事情，所以有曹操之马践踏了麦田，曹操割发代首的事情。虽然这也是曹操狡猾的表现，但也说明了曹操治下是严格依法办事的。

第十条是"武胜"。袁绍喜欢虚张声势，不知用兵机要；而曹操能以少胜多，用兵如神。袁绍不懂军机，却非常喜欢虚张声势；而曹操善于以少克众，用兵如神，具有杰出的军事才能，令敌人惊恐，这就在军事上胜过了袁绍。

郭嘉从道、义、治、度、谋、德、仁、明、文、武十个方面，把袁绍、曹操进行对比分析，得出袁绍十败、曹操十胜的结论，真是要言不烦，入木三分。曹操听了以后十分满意，笑着说："如卿所言，孤何德以堪之也。"这个精辟的分析，无疑坚定了曹操作战的信心。

（二）诡奇谋士郭嘉

算无遗策——郭嘉

曹操有很多谋士，都从不同角度分析过曹操相对于袁绍的优势，唯有郭嘉从道、义、治、度、谋、德、仁、明、文、武等十个方面，全面分析曹操、袁绍双方政治、经济、军事实力，人心向背、个人气质、谋略才能等等领域的优劣，比其他谋士的分析更详尽、深入。曹操对郭嘉的分析大为赞同，坚定了战胜袁绍的信心。

同时，郭嘉经过全面而深刻的剖析，认为袁绍站在世家豪族立场，逆历史潮流而动，推行儒家的礼治路线；而曹操站在庶族即中小地主立场，顺应历史发展的趋势，推行法家的法治路线，袁、曹在政治、军事、用人、作风等方面的截然不同，正是两条根本路线对立的表现，由此得出了曹操"十胜"的结论，这是具有科学预见性的判定。郭嘉的"十胜论"在当时所起的作用是十分巨大的，它充分地论述了进步的法家一定能战胜儒家，进步的政治势力一定能打败腐朽的政治势力，从而粉碎了袁军不可战胜的神话，使曹魏集团树立了与袁绍进行决战的敢打必胜的信心。郭嘉能够精确地、科学地预见曹操"十胜"、袁绍"十败"，证明他的确是一位高明的谋士，确实不愧为曹操第一谋士。

即使在以后的历史岁月里，郭嘉的这篇"十胜论"也给后人带来了很多可以思考的东西。因为他所做的已经不只是曹操和袁绍这两个人的对比了，用现在的观点来看，郭嘉所指出的这十个方面，包括了政治措施、政策法令、组织路线及各人的思想修养、心胸气量、性格、文韬武略等多种因素，这都是关涉事业成败兴衰的关键。让人不由得联想到一个权力经营者如果能做到这十胜，必将成为一方霸主或无敌于天下。我们不知道后来那些取得了辉煌成就的帝王将相们是否都看过了郭嘉的这"十胜论"，但这位封建时代智谋人物的这一理论概括，其中精义，即使在现在看来，不论是对从政者还是创业者，也依然值得参考和借鉴。

四、明察秋毫　预断孙亡

（一）孙策立国江东

三国时期，吴国雄踞江东，立国时间最长。吴国的基业，就是由少年才俊孙策开创的。

孙策，字伯符，吴郡富春（今浙江富阳）人，东汉熹平四年（175 年）出生在当地一豪门大族。孙策的父亲孙坚，字文台，早年做过县令。黄巾大起义爆发后，孙坚率"乡里少年"和招募的丁壮一千多人，跟着右中郎将朱俊镇压起义军。由于作战有功，被提升为别部司马。后来，他又随车骑将军张温到凉州，进攻割据势力迈章、韩遂，回京后，拜为议郎。汉灵帝中平四年（187年），孙坚被朝廷委任为长沙太守。他先后镇压了长沙、零陵、桂阳三郡的农民起义，被封为乌桓侯。关东诸侯讨伐董卓时，孙坚也起兵北上，沿途征伐不断，实力渐增。他到鲁阳（今河南鲁山）会见袁术，袁术表奏他为破虏将军、豫州刺史。汉献帝初平三年（192 年），袁术与刘表争夺荆州时，孙坚作为先锋，打败刘表的大将黄祖，而在进围襄阳时，却被黄祖的手下暗箭射死。

孙坚死时，孙策正在寿春（今安徽寿县），年龄只有十七八岁。他年少才俊，喜结交各方豪杰，胸怀复仇之志。汉献帝兴平元年（194 年）十二月，他前往江都（今江苏扬州），求教于江淮名士张纮，询问当时世务。他问张纮："现在东汉王朝的皇权政治统治日益走向衰微，天下群雄纷争不断……先君孙坚与袁术共同攻打董卓，还没有取得成功，就为黄祖杀害了。孙策虽然年纪还小，

中国古代谋士

但已经心怀大志了，自己打算先投奔袁术以索回先父旧兵，再投奔舅父丹阳太守吴景，此后招募流民，夺取吴、会稽二郡作为资本，向西攻击刘表，报仇雪耻，将来作为朝廷的外藩，你以为怎么样呢？"张纮向他讲述对时局的意见："现在你效法袁绍的做法，具有勇猛威武的名分，如果投兵丹阳，再进军击败吴郡太守许贡，会稽太守王朗，则

荆州、襄阳可以攻破，也就可以报杀父之仇了。占据长江，彰显自己的威严和品德，诛除乱臣贼子以匡辅汉室，功业可以与桓帝、文帝相媲美，怎么能只作为朝廷的外藩呢？只是现在世事纷乱，困难重重，如果功成事立，天下英豪将会聚集在孙氏政权的周围啊。"

孙策接受了张纮的意见，定下图取江东之计。兴平三年（195年），孙坚旧部朱治见袁术政德不立，亦劝孙策取江东，创立基业。那时候，孙策的舅舅吴景进击樊能、张英，一年多也未攻克。孙策乘机向袁术献策："家有旧恩在东，愿帮助舅舅吴景征讨横江；攻下横江，在本土招募，可以得到三万兵士，作为辅佐支撑，使你能够安定天下。"袁术对此非常感兴趣，任命他为折冲校尉，率兵渡江。孙策统率其父旧部程普、黄盖、韩当、朱治、吕范等以及士兵千人东进。在寿春的宾客蒋钦、周泰、陈武等带领几百人也随孙策渡江，后周瑜也率兵迎接并动以资粮。到历阳（今江苏和县）时，已包罗部众五六千人。

孙策渡江后，在仅四年的时间里，驰骋疆场，东征西讨，先后削平江东割据势力，占有丹阳、吴郡、会稽、豫章、庐江、庐陵六郡，独霸江东，创建基业。其开国时间之迅速，大大超过曹操和刘备。时势造英雄，英雄亦造时势。孙策之所以成功，首先在于其战略决策英明，"乱世务边"的决策充分显示了其远见卓识和勇决果断的过人之处；其次，孙策善于笼络人心，"善于用人，是以士民见者，莫不尽心，乐为致死"；再次是军纪严明，所至鸡犬菜茹，一无所犯，故民心向之。当然，孙策用兵，"猛锐神速，所向皆破，莫敢当其锋"，亦即他所具有的大将素质、卓越的指挥才能，也是一个很重要的原因。他自渡江以来，攻必克，战必胜，人闻孙郎来，莫不望风而靡。难怪袁术曾欣羡地感慨说："我如果能有孙郎这样的儿子，纵然死去，也没有什么可怨恨的了。"

孙策渡江开拓江东的第二年，拓地日广，实力强盛，羽翼渐丰，于是想脱

离袁术而独立。他听到袁术在寿春欲称帝，遂与之绝交。建安二年（197 年）正月，袁术称帝后，孙策遂采取北结曹操以抗击袁术的政策，与曹操结好，曹操封他为骑都尉，袭乌程侯，领会稽太守。后曹操闻知孙策平定江南，深感忧虑，但因无力分兵与之争锋，便只好眼看着孙策"转战千里，尽有江东"而无可奈何。

（二）预测孙策必死

建安五年（200 年），曹操与袁绍在官渡对峙，后方空虚。孙策选择这个时机，确定了一个突然偷袭许昌以迎取汉献帝的作战计划。他部署好军队，临江待发。孙策转战千里，占据了全部江东地区，他听说曹操与袁绍在官渡相持不下，于是想要渡过长江向北袭击许昌。闻讯后，曹操集团的谋士将领们都感到非常害怕。因为孙策骁勇善战，又有著名谋士周瑜辅佐，所以这对曹操来说无疑是个极大的威胁。然而郭嘉却有不同看法，认为孙策不会对曹军构成很大威胁，料定孙策此举难以成功。众人对此大感不解。郭嘉解释并进而推测说："孙策刚刚吞并了江东，所诛杀的都是些英雄豪杰，这些人手下都有一些敢死忠诚之士，他们一定会替他们的主人报仇。但是孙策这个人轻佻而不善于预先防备，虽然他的部队有一百万人之多，却和他一个人来到中原没什么两样。如果有刺客伏击，那他就不过是一人之敌罢了。在我看来，孙策必定要死在一个平常的人手中。"

众人听了郭嘉的预言，仍然心有疑虑。信的是他的分析很有道理，疑的是孙策是否真的会死在一个平常的人手中。但不久，这个似乎令人难以置信的预测，却变成了历史的真实，因为后来孙策来到长江边上，还没有来得及渡江，

就被许贡的门客杀掉了。此事过后，大家都非常佩服郭嘉料事如神的才能。郭嘉及时地镇定了将士们的情绪，稳定了军心，鼓舞了战士们的士气。

原来，许贡担任吴郡太守时，曾上表汉帝，建议将孙策"召还京邑""若放于外必作世患"。孙策闻之大怒，遂率军南取钱塘（今浙江杭州附近），先使许贡无法与会稽王朗构成联盟，以相抗拒；然后

再移兵北上，一举攻占吴郡，并绞杀了许贡。许贡死后，有三个门客，常想寻找机会，为他们的主人报仇，但一直没有如愿。孙策平时极爱打猎，常轻装简从，外出射猎。手下多次劝谏他不要随意外出，孙策虽然认为这些意见很有道理，却又总是改不掉自己的习惯。关于孙策外出射猎的活动，《三国演义》描写道：

"一日，孙策引军会猎于丹徒之西山，赶超一大鹿，策纵马上山逐之。正赶之间，只见树林之内有三个人持枪带弓而立。策勒马问曰：'汝等何人？'答曰：'乃韩当军士也。在此射鹿方举。'策譬欲行，一人拈枪望策左腿便刺。策大惊，急取佩剑从马上砍去，剑刃忽坠，止存剑把在手。一人早拈弓搭箭射来，正中孙策面颊。策就拔面上箭，取弓回射放箭之人，应弦而倒。那一人举枪向孙策乱搠，大叫曰：'我等是许贡家客，特来为主人报仇！'策别无器械，只以弓拒之，且拒且走。二人死战不退。策身被数枪，马亦带伤。正危急之时，程普引数人至。孙策大叫：'杀贼！'程普引众齐上，将许贡家客砍为肉泥。看孙策时，血流满面，被伤至重，乃以刀割袍，裹其伤处，救回吴会养病。"

当夜，孙策因伤重而卒，年仅26岁，由其弟孙权袭领部众。"然自非上智，无以知其死在何年也。今正以袭许年死，此盖事之偶合。"孙策之死被郭嘉言中，但他死在即将攻伐许都之时，也许出于偶然。所以裴松之为《三国志》作注时说："嘉料孙策轻佻，必死于匹夫之手，诚为明于见事。"

郭嘉可以预测孙策"必死于匹夫之手"，这就表明他对于各个政治军事集团有着深刻的了解，对其意图能明察秋毫，对其主要人物的性格特点也了如指掌。作为一个杰出的谋略家，郭嘉虽然身在曹营忙于军务，但对孙策统治下的江东各种势力的此消彼长和多种矛盾的发展趋势却是成竹在胸。尤为难得的是，他能够极为准确地分析、判断所掌握的材料，从而做出异乎寻常的精确预见。

141

五、把握时机　智破袁氏

（一）预先东征刘备

当曹操和袁绍两大集团崛起之后，他们均有图王之志，因此，双方剑拔弩张，兵戎相见，已是势所难免。

早在初平元年（190 年），袁绍就曾说过："我要南面据守黄河，北面控制燕代，再率河北将士，南向以争天下。"到建安四年（199 年）六月，袁绍消灭了公孙瓒后，占有青、冀、并、幽四州之地，军队增至数十万人，势力更加强盛。他召集将领和谋士们研究作战方案，经过激烈的争论，最后接受郭图等人的意见，确定了"立即进攻，集中兵力，直捣许昌"的作战方针。遂选精兵十万，精骑万匹，胡骑八千，南下谋攻许昌。

起初，曹操对袁绍集团这个庞然大物还有些畏惧，怕消灭不了它，经过郭嘉向他分析双方优劣对比之后，曹操的愁容为之一扫，对袁绍作战的信心增强了。他对部下说："我知道袁绍的为人，袁绍他志向广大但缺乏智慧，表面上很有气魄而实际上是个胆小的人，他的威信并不高，他的兵士虽多却不够团结。"曹操手下兵士最初对袁绍出兵心存畏惧，经过曹操和荀彧等人的一番解释与鼓动之后，方才团结一致，满怀信心地去迎击敌人。当时，曹操调集精兵两万，进军黎阳，主动迎敌。哪知正当曹操部署对袁绍作战的时候，原来依附曹

操的刘备，杀徐州刺史车胄，自据徐、邳等地，起兵反曹，与袁绍遥相呼应。是时，东海郡及附近的郡、县大多归附刘备，军队增至几万人，声势颇为浩大。遇此意外，曹操意欲亲征以迅速打败刘备，以防两面受敌。

其实，曹操很早就已看出，将来与他争雄天下者必是刘备，所以他曾对刘备说过："普天之下能称得上英雄的，不过只有你刘备与我曹操罢了。"以前刘备失败前来投靠，他予以笼络。后来，刘备要领兵出击袁术，曹操也允许他离去。当时，郭嘉就曾牵马劝谏："放掉刘

备，以后将有大的变故发生啊！"并且还说："纵然不杀刘备，也不应当让他走掉。"又引古语"一日纵敌，万世之患"为证。曹操听后，大为懊悔，遂令许褚率兵追赶。结果，刘备如鱼入大海，鸟上青云，一去不复返，曹操"恨不用（郭）嘉之言"。如今，面临刘备的公然反叛，曹操感到非常后悔，但又不得不认真应对。

但是，曹操帐下的将领对此却并不理解。他们对曹操说："与您争天下的主要是袁绍，如今袁绍正率兵打过来，您却要放弃攻打袁绍，而去东征刘备。万一袁绍从背后乘虚而入，那可怎么办？"曹操解释说："刘备乃人中之杰，今不除之，必为后患。"

在这个关键时刻，郭嘉赞同曹操的意见，他说："袁绍生性迟疑，即便来攻，也不会迅速。刘备起兵不久，民心本附，力量又不大，迅速攻击，一定可以把他击败。这关系到生死存亡，可千万不能失去啊！"于是，曹操下定决心，亲率精兵兼程东进，迅速攻破彭城、下邳，迫降了关羽。刘备全军溃败，妻子被俘，他只身逃往河北，投靠了袁绍。

东征刘备，应该说是官渡大战的一个前奏曲。对曹操来说，与袁绍决战在即，如果不迅速扑灭刘备的反叛势力，任其在心腹地区星火燎原，势必就要陷入腹背受敌的困境。大战之前，先肃清次敌，以巩固后方，实属高明之举。曹操在这个问题上，决策无疑是正确的。问题在于，诸将的意见也不无道理。因为对袁绍而言，刘备起兵之时，也正是他乘机猛攻曹军的绝好时机。因此，曹操帐下将领的担心，便成为问题的关键所在。

当诸将表示反对时，连曹操也有些迟疑不决，便"疑"而问郭嘉。郭嘉的一席话，使人茅塞顿开。他就袁绍、刘备两方作了深入细致的分析：如果曹操东征，袁绍很可能先作壁上观，不会立刻进兵（后来事实果然如此），这当然最好；如果万一袁绍出兵，也"来必不速"，这是由其"性迟而多疑"所决定的，如此就给了曹操短暂的可资利用的宝贵时间。而关键在于，曹军在这短短的时间里，能迅速平叛取得胜利。如果东征长期进行下去，难以击败刘备，那么东征也就不可取了。而这一点又取决于曹、刘双方的实力对比。郭嘉对比了双方的兵力、战斗力、士气、民心之后，断言"急击之必败"，也完全符合军事学的基本规律。曹操听了他的分析，下定决心，终于获胜。反观袁绍一方，在曹操东征之时，谋士田丰建议袁绍："曹操与刘备正在交战，战事恐不能很快解决。公举兵袭击他的后方，可以一战而取得胜利。"田丰虽然错误地认为曹操无法迅速击败刘备，然而令曹操集团极为畏惧的却是乘虚出击。不料，袁绍却借口他儿子有病，未采纳田丰的建议，按兵不动。田丰闻此，"以杖击地曰：'遭此难遇之时，乃以婴儿之病，失此机会！大势去矣，可痛惜哉！'跌足长叹而出"。

在这件事上，可以看出，郭嘉抓住良机，时刻把握事物错综复杂的运行情况与可能出现的各种变化，根据条件，不放过有利时机，这是谋士们不可缺少的智慧。时机往往只有一次，稍纵即逝，一去不返。人们常说的"机不可失，时不再来"，劝诫人们要善于抓住事物矛盾变化的枢纽，把握住重要的环节，善于随机应变。这需要有慧眼，在时机出现时发现并捕捉住它，而绝不能放过。

其实，在这一点上，郭嘉与田丰无疑都具有这种慧眼。郭嘉称东征刘备是"存亡之机，不可失也"，田丰说是"难遇之时……失此机会！大势去矣……"，他们从不同的方面阐述了同一思想：时机千载难逢，极为可贵；能否抓住它，关系重大，影响深远。

发现时机固然重要，但最终还是要看能否把握住它。就这一点而言，郭嘉成功而田丰却失败了。此中深层原因在于，他们都是谋士，只有建议权而无决定权。他们都发现了时机，并指明了抓住时机的方法，但最终的决策者——曹操和袁绍，却一个采纳一个弃而不顾，因此导致了截然不同的结果。当然，世事多变，这就为人们提供了多种选择的可能。要抓住时机，就必须预见到事物最终发展的唯一趋势，排除其他的可能性，这样自然会有冒险性，这也就更需要胆识和准确的预测判断能力。因此，预见性可以说是谋略家们必备的才能。

在这一方面，田丰与郭嘉相比，便不免稍逊一筹。郭嘉预见到东征刘备，必能速胜，其间袁绍极可能不会出兵；即使出兵，因行动迟缓，也无关大局，后来事实都一一验证了其准确性。田丰的第一个错误是断言曹操不能速速战胜刘备，第二个错误是择主不明，虽有良谋，岂不知其主公的性格怎样？竟幻想袁绍会听纳自己的建议，这就难免要失败了。准确的预见性是建立在知己知彼的基础之上的，郭嘉对袁绍的了解与认识，似乎比田丰要深刻得多，这正是郭嘉取得成功的根源所在。

（二）官渡大败袁绍

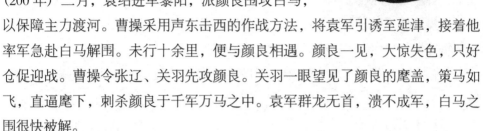

击败刘备后，曹操迅速向官渡调兵。建安五年（200年）二月，袁绍进军黎阳，派颜良围攻白马，以保障主力渡河。曹操采用声东击西的作战方法，将袁军引诱至延津，接着他率军急赴白马解围。未行十余里，便与颜良相遇。颜良一见，大惊失色，只好仓促迎战。曹操令张辽、关羽先攻颜良。关羽一眼望见了颜良的麾盖，策马如飞，直逼麾下，刺杀颜良于千军万马之中。袁军群龙无首，溃不成军，白马之围很快被解。

盛怒之下，袁绍下令全军渡河追击，命大将文丑率五千轻骑作为先锋。

这时，曹操已率兵马向官渡撤退。到了延津南坡，他下令让一部分骑兵解鞍放马，不多时，战马乱奔，器械满地。很快，文丑追了上来，见状以为曹军已经逃遁，便命令士兵收拾"战利品"。岂料，曹操一声令下，早已埋伏好的六百精卒，飞身上马，冲向袁军，势如破竹。袁军始料不及，一触即溃，大将文丑也成了刀下之鬼。

遭此惨败，袁绍自然不肯善罢甘休，令将士继续进攻，一直追到官渡，才安营扎寨。这时，曹军早已布好阵势，坚守营垒。袁绍令士兵在营外堆起土山，垒起高台，叫弓箭手在高台上居高临下向曹营放箭。曹军官兵只好用盾牌遮住身子，才能在营中行走。

曹操深虑这一被动状态，急召众谋臣商议，最后设计出一种霹雳车。这种车上装有机钮，扳动机钮，十几斤重的石头就可飞出三百多步。这样一来，袁军的高台被击垮，弓箭手被打得头破血流，死伤无数。袁绍又让士兵在夜里偷偷挖地道，准备偷袭曹营。曹军发觉后，在兵营前挖了一条深深的长堑，切断了地道的出口，致使袁军的偷袭计划又失败了。

如此，两军对峙，相持数日，曹军兵少粮缺，士卒疲乏。曹操曾想放弃官渡，退守许昌。谋士荀彧写信劝说："现在军需供应虽然很少，但形势还是没有楚汉之争时在荥阳、成皋作战时严峻。那个时候刘邦、项羽都想首先退军，

145

先退的士气定会减弱。曹公以袁绍十分之一的兵士，占据把守一地，扼制住敌方的咽喉要道使其不能够出入，已经有半年的时间了。现在形势将会出现转折变化，这正是施展计谋的时机，不可以失去啊。"于是，曹操决心加强防守，苦撑危局，静观其变，以寻求战机。

果然，袁军内部不久后出现矛盾。谋士许攸给袁绍献计，让他趁许都空虚，派一队人马绕过官渡，偷袭许都。袁绍不听，固执地说："我应当首先把曹军攻下！"偏巧，许攸家人犯法，已被收监。许攸闻讯，顿时大怒，连夜投奔了曹操。曹操刚脱了靴子想睡，听说许攸来见，喜不自胜，跳足出迎。一见面，曹操抚掌笑说："你来了，我战胜袁绍大有希望了。"

许攸向曹操提供了袁军屯粮乌巢防备不严的情报，建议曹操出奇兵偷袭，烧其粮草。如果那样做，"用不了三天的时间，袁绍必定会大败"。曹操闻之甚喜，便马上采取行动。他留曹洪、荀攸守大营，自己亲率精锐步骑五千人，打着袁军的旗帜，夜晚悄悄从小路赶到乌巢。半夜抵达后，曹军围住粮囤，四面放火，把袁军粮草烧为乌有。

粮草被烧的消息传到前线，袁军尽皆慌乱不堪，军心大乱。大将张郃、高览临阵倒戈，率部投降了曹操。曹军乘势猛攻，分线出击，袁军四处逃散。袁绍和他的儿子袁谭连盔甲都来不及穿戴，便率领八百骑兵仓皇逃到河北。

官渡战败后，袁绍势力尚存，不料他本人却对胜败耿耿于怀，终于积郁成疾，于建安七年（202 年）呕血而死。而实际上，袁氏集团仍有很强的实力。袁绍的小儿子袁尚占据邺城，统领袁绍旧部，袁谭、袁熙等仍然控制着黄河以北的大部分地区。

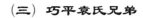

（三）巧平袁氏兄弟

袁绍的几个儿子不能同心协力，他们各自扩充实力。袁绍在世时，他们为了争夺嗣位，各自扩充实力，培植党羽，明争暗斗。袁绍死后，审配假传袁绍遗命，奉袁尚嗣位，袁谭自然心有怨言。袁尚也很疑忌他大哥，拨给袁谭的兵力也就更少了。袁尚又让逢纪跟从袁谭，

名为辅佐，实则监视。袁谭屡次要求增兵，袁尚与
审配都不予理睬。愤怒之下，袁谭便杀了逢纪，如
此一来，袁氏兄弟之间的矛盾，便迅速尖锐激化
起来。

官渡之战后，曹操让军队先休整了一段时日，
然后利用袁尚、袁谭之间矛盾冲突加剧的有利时机，
渡过黄河，北上征伐。建安七年（202年）九月，曹军攻打屯兵黎阳的袁谭，
袁谭无力抵抗，情急无奈，只好向袁尚告急求援。袁尚欲分兵助兄，又怕袁谭
借兵不还，如果坐视不救，又怕黎阳有失于己不利，只好让审配据守邺城，自
己亲率大军救援黎阳。次年二月，两军大战于黎阳城下，结果，袁谭、袁尚、
袁熙、高幹（袁绍外甥）全部大败，放弃黎阳，退保邺城。这时曹操已占据了
冀州的重要门户黎阳，为进一步消灭袁氏集团创造了有利的条件。

屡战屡捷之下，曹军诸将都想继续乘胜追击，一举攻下邺城。就在将士们
踌躇满志之时，郭嘉却出人意料地提出了一个全新的作战方案，那就是停止继
续进攻，转而南征刘表。将士们对这一策略都感到迷惑不解，为什么不采取急
攻策略，一举攻下邺城呢，免得以后夜长梦多，以防袁氏兄弟变得难以对付。

郭嘉跟随曹操打败了袁绍，在袁绍死后，又跟随曹操到黎阳讨伐袁谭、袁
尚，接连几次战斗都打了胜仗。就在将领们想乘胜追击进攻袁氏兄弟时，郭嘉
却很有把握地解释说："袁绍生前疼爱这两个儿子，而在死前又没有立嫡子。
袁氏兄弟有郭图、逢纪二人作为谋臣，一定会互相争斗，互相周旋离间。若急
速进攻，他们就会互相依恃；缓一缓之后，袁氏兄弟就会产生争斗之心。不如
向南进军荆州，装出征讨刘表的样子，用以等待袁氏兄弟的变化，等到他们内
部发生变乱后再进攻他们，便可以一举平定冀州。"曹操对郭嘉提出的消灭二袁
的谋略连连称赞，于是曹军转而南征。当大军来到西平时，袁谭、袁尚两兄弟
果然争夺起冀州来了。

事实证明，这的确是一个消灭袁氏兄弟最有效也是事半功倍的方案。然而
在当时形势下，乘胜进攻并消灭二袁，似乎也是自然而然的事，而且也大概也
会取得成功。但是，袁氏兄弟占据的邺城在经过袁绍的多年经营之后，有了一
定的稳固性，自然不可能被轻易攻破，更何况袁军还保有相当的实力。在这种
情况下进行强攻硬拼，必然要付出很大代价，所以这并不是高明的作战方法。

听了郭嘉的解析，众人连声称是，曹操也欣然采纳。建安八年（203年）八月，曹操下令南征刘表。这时，荆州的刘表刚稳定了长江以南的长沙、零陵、桂阳三郡，正密切注视着中原局势的变化。曹军挥师南下，对刘表造成了强大的威慑，使他不敢轻易北上攻掠曹军辖地。这就足够了！因为曹操所要的，便是一个给袁氏兄弟想要看到的而实际上却是佯攻的效果。曹操退军后，留下贾信守黎阳，曹洪守官渡，自己回许昌；接着再南下，以装出进攻刘表的姿态。他虽然挥师南下，却是一步三回头，时刻注意着二袁的动静。当曹军开到西平（今河南西平县西）时，便接到了袁谭派辛毗前来投降求救的消息。

郭嘉当时提出放弃进攻，待二袁火并，自相残杀，再一举两得的谋略，是建立在对袁氏政权内部矛盾深刻分析基础之上的，是非常高明的谋略。当时，二袁之间存有矛盾，如若急攻，二袁则共处灭亡之险境，必然会为免于灭亡而共同抗曹以求存；而如撤军，假装回军进攻刘表，二袁就没了外忧，内部矛盾上升，定会自相争斗。郭嘉这一谋略，真是一条绝妙的"动敌"之术。曹操于是在建安八年（203年）八月下令撤军，南征刘表。事态正如郭嘉所料，曹军南撤后，胆战心惊的袁谭、袁尚真是大喜过望，紧接着兄弟二人便开始了对冀州的争夺。袁谭以要追击曹军为借口，要袁尚给他的军队换些好的盔甲。袁尚不给，袁谭很生气，并在郭图、辛评的挑唆下，领兵攻打袁尚，结果大败而归。袁谭带领败军逃到平原（今山东平原县南），袁尚又领兵追踪而至，将平原团团围住，四面攻打。袁谭眼看邺城实难守住，又一筹莫展，只好听从郭图的建议，派辛评的弟弟辛毗向曹操请求投降和火速增援。

袁谭被打败，向曹操请降。曹操假装南征刘表，意在两袁。曹操见二袁果然火并，正如郭嘉所料，正中圈套，心中自然非常高兴，答应了袁谭的请求，出兵救援袁谭，袁尚退守邺城。曹军于204年八月破邺城，攻占邺城后，曹操转而挥戈北进，在南皮攻打袁谭，平定了冀州，时年十二月又转手杀袁谭，然

后，曹操北上进击幽州的袁熙、袁尚。郭嘉的谋略一步步顺利实现。这样，曹军便能够制敌，借敌人之手削弱敌人的实力，从而坐收渔人之利，这实在是一条不战而屈人之兵的奇谋妙计。

郭嘉提出的巧破袁氏兄弟的计策，是一个最有效的事半功倍的制胜计谋。在当时形势下，曹、袁

中国古代谋士

两军大战，袁军一再败退，趁此时机，乘胜进军，消灭袁氏兄弟，一般的指挥者都会这样做。然而，郭嘉却出人意料地提出撤军南下、佯攻刘表的计策。众人迷惑不解，郭嘉却看得深远，他分析袁氏兄弟还具有相当实力，如要硬攻，付出的代价是巨大的。与其直接进攻消灭，不如利用他们之间的矛盾，"坐山观虎斗"，以收渔人之利。事实确如郭嘉预料的那样，袁氏兄弟火并，曹操趁机消灭了他们。此计的高明之处就在于当敌人内部有矛盾，而矛盾又趋于激化时，没有急于攻击，而是静待它的发展变化。否则，会出现对方矛盾暂时缓和，联合起来共同对外的可能。故意后退一步，坐等对方矛盾激化，以至出现互相残杀的变化，这才是消灭对手的绝好机会。

　　曹操攻占冀州后，郭嘉提出建议，要曹操召见当地的知名人士并委任以为官吏。这一措施极大地笼络了青、冀、幽、并等地的名士，非常有利于巩固曹操在北方的统治，这可以说是一个极有见地的深谋远虑。曹操也因郭嘉在平定袁氏兄弟的斗争中的突出贡献而封郭嘉为洧阳亭侯。

六、力排众议　远征乌桓

（一）分析远征形势

　　曹操平定河北后，首要问题便是征讨乌桓了。

　　东汉时期，在今辽河流域、河北和山西的北部直至内蒙地区，散居着乌桓人。乌桓亦作乌丸，是我国北方一个以游牧射猎为生的少数民族。其中居住在辽西、辽东、右北平三郡的乌桓人势力最强，被称为三郡乌桓。东汉末年，乌桓的势力逐渐强大起来，尤以辽西单于蹋顿最为强悍。中原混战，乌桓的奴隶主贵族经常乘机向汉族人民进行侵扰。袁绍占据幽州时，曾用东汉朝廷的名义封三郡乌桓的首领为单于，并把本家的女儿嫁给他们当妻子，妄图勾结乌桓的奴隶主贵族来巩固他在中原地区的割据势力。所以，当袁绍集团的残余势力丧失了割据地盘以后，就在袁尚、袁熙的率领下逃向三郡乌桓去了。袁绍集团的残余势力与乌桓奴隶主贵族势力的结合，无疑对曹操巩固大体上已经完成的北方统一局面是一个巨大的威胁。

　　为了清除袁氏残余势力，统一北方，曹操准备远征乌桓。

　　远征乌桓却并非轻而易取。当时，刘备正依附荆州的刘表，一直在劝说刘表讨伐曹操。如果刘表在曹军远征乌桓时，趁机起兵进攻后防空虚的许昌，那后果将非常严重。曹操对此也相当慎重，召集手下文臣武将广泛讨论。诸将均不赞同，他们认为："袁氏兄弟，只不过是亡命之人，根本不足为虑。夷狄贪而无亲，乌桓又岂能为袁尚所用？如果大军远征，深入乌桓地区，刘备必然劝说荆州的刘表趁机袭击许都。一旦发生变故，到那时后悔可就来不及了。"

　　当曹操提出讨伐乌桓时，他的大部分将领都不同意，认为袁尚、袁熙败逃，大势已去，乌桓的奴隶主贵族绝不会听从他们而动用兵力。若远征乌桓，在荆州的刘备必然怂恿刘表乘机袭击许昌，后果将不堪设想。就在众人反

中国古代谋士

对之下，郭嘉又提出不同于他人的见解，他指出："曹公您虽然威震天下，胡人却自恃地处偏远，一定不设防。趁乌桓自恃远离中原，在军事上没有准备，突然对其进行征伐，有把握取得胜利。袁绍集团虽然大势已去，但袁尚、袁熙人还在，卷土重来的贼心不死，如果不乘胜追击，予以彻底歼灭，他们必然要和乌桓奴隶主贵族乘机侵扰幽、冀、并、青等州。而幽、冀、并、青四州的百姓仅仅是因为惧怕您的兵威而依附您，您还没有向他们施以恩德，放弃而南征刘表，袁尚利用乌桓的资助，招集那些能为主子而死的忠臣，胡人一动，百姓和少数民族一起响应，从而使蹋顿萌生野心，实现他们非分的企图和计划，恐怕青州、冀州就不归我们所有了。"至于荆州的刘表，郭嘉鄙夷地指出："刘表不过是个坐在那谈天的说客罢了，他自知自己的才能不如刘备，也难以控制住刘备。他疑忌刘备，绝不会重用刘备来袭击许昌。如不重用刘备，刘备也绝对不肯真心实意为他出力。他们之间这种复杂而微妙的关系，决定了他们不会有什么大的作为。因此，即使您全力远征，国内空虚，也用不着忧虑，因为刘表也不会有什么大的举动。"郭嘉主张彻底消灭袁绍集团残余势力的战略方针，无疑是正确的。曹操听罢茅塞顿开，完全同意郭嘉的分析，郭嘉算是看清楚了刘表的为人和刘备的野心，断定刘表不仅不会出兵，而且还会牵制住刘备，而事实果然如他所料。而郭嘉关于荆州刘表不会对曹军构成威胁的预断，更使曹操集团文武大员们放下心来。建安十二年（207年）二月，曹军开始北征。

（二）制定远征策略

五月，大军到达易县（今河北雄县西北），郭嘉又提出了远征乌桓的具体策略和战术。

在进军途中，他觉察曹军行动迟缓，郭嘉便马上对曹操说："兵贵神速。

如今从千里之外袭击敌人，辎重繁多，难以急速顺利地前进，如果被他们知道了，一定会有所防备；不如留下辎重车辆，轻兵出发加倍赶路，乘其不备进行袭击，打敌人个措手不及。"曹操采纳了郭嘉的这个意见，秘密地带兵从卢龙塞出发，直指单于庭。曹军轻装前进，选择乌桓放松戒备的小道，悄然越过卢龙塞（今河北青峰口），跨过白檀（今河北宽城），经平冈（个湖北平泉），穿鲜卑庭，直逼柳城（今辽宁朝阳南）。经过五百多里艰险的山谷地带，直捣三郡乌桓奴隶主贵族的老巢柳城。当曹军到达白狼堆时，因为距离蹋顿的大本营柳城仅仅有二百多里路了，乌桓才得知曹军前来的消息，袁尚、袁熙和乌桓单于蹋顿以及辽西单于楼班、右北平单于乌延等，匆忙带领数万骑兵前来迎战。曹操登上了白狼山，双方兵马奋力拼杀。曹军虽装备轻简，人数不多，但准备很充分。乌桓骑兵看似来势凶猛，士气旺盛，却终归是仓促应战，军心难免不稳。曹操令张辽为先锋，纵兵大击。敌军各部协调混乱，溃不成军，结果被打得落花流水。曹军大胜，蹋顿单于被斩，乌桓及汉卒降者二十多万人。

袁尚、袁熙兄弟和辽东单于乌丸战败后，率数千骑兵投奔辽东公孙康去了。曹操的部将都要求当即发兵攻击。曹操却说："何须劳动兵马？我要让公孙康将袁氏兄弟的首级送来。"果然，不久，公孙康送来了袁尚、袁熙的首级。

原来，袁尚他们到达辽东后，打算夺取公孙康的兵马。袁尚为人有勇力，对袁熙说："今天到后，公孙康定来相见，我们兄弟当场杀掉他，占据辽东，还可以东山再起。"哪知，公孙康也在算计他们："现在不杀袁熙、袁尚，如何向国家交代？"于是，他事先在马房埋伏下精勇十卒，然后派人去请二袁。袁尚兄弟一到，伏兵一起出动，当场将二人擒获绑缚，放在寒冷的地上。到了这个

时候，袁尚耐不住冻，向公孙康要席子。袁熙长叹说："头颅可以带着行走万里，哪里还用得着席子？"二袁被斩首，他们的头颅被送给了曹操。这时，曹操基本上统一了北方。

郭嘉在远征乌桓的战争中，始终力排众议，纵论天下大势，见解深刻而独到，分析透彻，令人折服，促使曹操作出远征的决定。出征之后，他又及时提出"兵贵神速""轻兵兼道以出，掩其不意"的战略方案，使得这次远征很快取得了全面的胜利。

曹操经过官渡之战后，实力增强，袁尚、袁熙兄弟向北逃入乌桓，依附于辽东太守公孙康。公孙康自认为辽东远离中原，天高皇帝远，已形成了割据一方的势力，令他利令智昏。但他仍有自己的想法：一旦中原混战结束，袁氏掉转矛头，向北指向辽东，就有可能被吞并。因此，公孙康对袁氏充满戒备。当二袁投奔他时，从心里不愿接受。可又怕曹操急攻辽东，自己势单力薄，无力对抗。出于自身考虑，才把二袁暂留了下来。曹操攻打乌桓，一路势如破竹，进逼辽东，乘胜攻破公孙康、活捉袁氏兄弟，是顺理成章的事情。然而，曹操竟将矛头掉转，班师回防。这里，曹操采取了"缓攻则相图"的谋略。他是这样分析的，如果乘胜攻打二袁，本来就畏惧曹操北上的公孙康与二袁的目标就会一致，就有可能联合起来，对付曹军，于己不利。而采取缓攻，公孙康与二袁之间的矛盾就会显露出来，他们之间相斗，反而对曹军有利。此举，无形中又给公孙康吃了一颗定心丸，他马上意识到应该除掉二袁以讨好曹操，作为对曹操撤退的回报。正像曹操预料的那样，没过几天，二袁的首级就送到了曹军营中。曹操既达到了"缓攻相图"的目的，又避免了"急攻并力"所带来的不利。曹操缓攻除二袁的故事，说明了在各种矛盾错综交叉的复杂关系中，要战胜其中的一个对手，就要善于利用他们之间的矛盾；还要采取一定的手段，以强大的实力作后盾，以势压敌。否则，其对手就合成为困兽，而攻会结成联盟，形成合力，一致反抗。此计由军事斗争运用推及外交领域，颇能收到事半功倍之效，成为一个高明而又灵活的外交谋略。

曹操此次作战，历时近一个月，行程四百余公里，其中包括无数的山河险阻，难行之地，解除了"三郡乌桓"对中国北部的威胁，扫清了袁氏的残余势力，彻底统一了河北。并且收编乌桓精骑，增强了自己的军事实力。总之，在此战中，曹操根据郭嘉的计策彻底平定了北方，基本上统一了整个黄河流域以北地区。郭嘉自始至终出奇制胜谋立大功，为曹操在北方的崛起发挥了其作为智囊团的重要作用。

七、风华正茂　英年早逝

（一）郭嘉不幸病死

在远征乌桓的进军途中，由于水土不服、气候恶劣而致使郭嘉卧病车上。等到他跟随曹操出征归来后，又因操劳过度，病情加重。曹操一再派从人询问病情，对他关怀备至。不料，如此才华横溢、风华正茂的谋士，竟然在建安十二年（207 年）底，一病不起，与世长辞了。就这样，一个旷世奇才如同流星一般陨落了。

郭嘉博学多闻，富于谋略，洞察事情物理。曹操说："只有奉孝才能了解我的心意。"38 岁时，郭嘉从柳城回到许都，病得很重，曹操派去询问郭嘉病情的人一个接一个。也就在郭嘉 38 岁，恰逢英年有为之时，他却离开了人世，实在令人痛惜！在郭嘉死后，曹操亲临郭嘉的丧事，非常悲痛，对荀攸等人说："诸君的年纪都跟我是一个辈分，只有奉孝最年轻。天下大事完成后，想把后事托付给他，而他却中年夭折，难道是命该如此吗？"

这也难怪，此时恰逢曹操北征乌桓胜利返回，踌躇满志，正欲挥兵南下，一举统一中国之时，他正非常需要像郭嘉这样运筹帷幄决胜千里的智囊谋臣。而郭嘉在此时竟意外离他而去，这对曹操的雄心伟业的确是一个沉重的打击。恰在郭嘉去世后不久，建安十三年（208 年），曹操和孙、刘联军大战于赤壁，遭火攻后，大败而回，路上曾感慨地说："郭奉孝如果还活着，一定不会使我遭此惨败。"从曹操的这番话可以看出，郭嘉是曹魏集团中一个举足轻重的人物，是在赤壁之战以前佐助曹操大体完成北方统一的重要助手。曹操失去郭嘉的有力辅佐，在赤壁之战中遭遇到了平生以来最大的政治失败和军事失败。

后来在写给荀彧的书信中，曹操又追念郭嘉说："郭奉孝年不满四十岁，随从我征战十一年，历经艰难险阻，大家都同甘共苦。因他足智多谋，通达事理，天下大事完成后，想把后事托付给他，而他却中

中国古代谋士

154

年夭折，早早地离我而去，这在感情上怎么能让我接受呢？奉孝是最了解我的人，而天下真正相知的人并不多，因此更加让我感到痛惜。可是，这又有什么办法呢！"随后曹操又向汉献帝上书，请求给郭嘉追增封赏，表文说："军祭酒郭嘉，随我征战有十一年。每当有重大决策事宜，能临敌随机应变。我的决策还未

作出，郭嘉往往已经谋划成熟。在平定天下的大业中，郭嘉参与谋略的功绩很高。不幸英年早逝，远大的事业尚未完成。追思郭嘉的功勋，实在不可忘却。可以增加他的封邑八百户，连同以前所有，共一千户。"

曹操不止一次地表示，欲将自己身后大事托交给郭嘉，他对郭嘉的重视和信赖程度由此可见一斑。曹操对郭嘉的忠诚与才干进行了由衷而热情的赞扬，对郭嘉的英年早逝表示深切的悼念。汉献帝阅过表文后，追赐郭嘉为贞侯，由他的儿子郭奕继承。

（二）总评谋士郭嘉

在曹操的智囊团中，郭嘉是一位年轻而又活跃的人物。郭嘉性格开朗、豪放，甚至不拘小节。陈群就曾多次向曹操诉说郭嘉行为不拘礼节，但郭嘉却不为所动，依然我行我素，不予计较，曹操因此而更加看重他。郭嘉才华横溢，锋芒外露，又不拘小节，按理来说，应该会招人忌怨。但事实却恰好相反！这主要是因为他很善于处理人际关系，与同僚能和睦相处，荣辱与共。尤其是同主帅曹操的关系相当融洽，达到了"行同骑乘，坐共幄席"的程度，被曹操视为最能交心的知己。与曹操这样广有权谋的人物共事，时刻存在着危险，有很多名臣谋士被曹操处死。而郭嘉同曹操的关系之所以能几乎达到了水乳交融的境界，一方面大概是郭嘉对于曹氏大业的重要性所决定，另一方面也是他通达圆和，善于处理人际关系的结果，这也是他作为杰出的谋略家所具有的另外一个侧面特征。令曹操最念念不忘的是郭嘉的忠诚和才干，因为自从弃袁投曹以来，郭嘉一直对曹氏集团忠心耿耿，可谓有目共睹。曹操追念痛惜郭奉孝，总是不能忘怀。

曹操每次出征，郭嘉几乎都是随从参谋军机，行军时与曹操并肩而行，议

算无遗策——郭嘉

事时也是和曹操同席而坐。每逢军国大事议论纷纷时，郭嘉的计策总是正确的，并且他的策略从无失算，真正达到了算无遗策。郭嘉向不遵守礼法，而以其超群的智谋被曹操重用，也只有曹操这种雄才大略，才敢于使用郭嘉这类藐视礼法的人，并把小己二十多岁的郭嘉引为"知己"。因此，曹操一直对他的忠贤、忠良铭记在心，说他为人忠厚诚恳，一心想要建功立业，奉事上级的心竟是这样，怎能使人忘掉他啊！而郭嘉的智谋、才能，也令曹操非常欣赏。曹操称郭嘉"算无遗策"，每当有重大决策事宜，能临敌随机应变。曹操的决策还未作出，郭嘉往往已经谋划成熟。在平定天下的大业中，郭嘉参与谋略的功绩很高。又说郭嘉对于人事时势兵事的看法，远远超过一般人。能令曹操这位不同寻常的政治家赞叹不绝，更可见郭嘉智谋实在卓绝不凡。郭嘉的忠与能，不但令曹操钦服，也给后人留下了深刻的印象。

三国时代，英雄谋士辈出，其中郭奉孝，这位曹操帐下最年轻的智者，同时也是最诡奇的谋士。在郭嘉追随曹操十一年的戎马生涯中，他为曹操东征西讨贡献了相当多的谋略，通过这些谋略我们虽然无法肯定他是否饱读兵书，但我们能肯定的是，他所贡献的计策，每一条都出人意外，每一条都有可能带来巨大的危险，每一条都取决于敌手的心理状态是否严格遵循他的调度。郭嘉是曹操最喜爱也是最得力的谋士，其深具通晓事理、足智多谋的资质。郭嘉作为曹操帐下最年轻的谋士，他尽心竭力为曹操运筹帷幄十一载，为曹操统一北方的大业立下了不朽的功勋，为社会历史的发展与进步做出了重要贡献。郭嘉年轻有为，不但具有弃暗投明的智慧，而且可以纵览天下形势，知己知彼，有预见事态发展之神机妙算，可以说是算无遗策。他不仅善于利用矛盾牵制打击敌人，胸有奇谋妙策，而且高屋建瓴，目光深邃，具有高超的战略意识。郭嘉不仅仅是东汉末年曹操麾下的著名谋士，而且也以他在政治斗争和军事斗争中所显露的高超艺术，在历史智慧宝库中留下了浓墨重彩的一笔。

帷幄奇谋——刘基

　　刘基（1311-1375年），字伯温，温州文成县南田人（旧属青田县）。明洪武三年封诚意伯，武宗正德九年被追赠太师，谥文成。元末明初军事家、政治家、诗人，通经史、晓天文、精兵法。他以辅佐朱元璋开创帝业，创建明朝并尽力保持国家的安定，而驰名天下，被后人比作诸葛武侯。朱元璋多次称刘基为："吾之子房也。"在文学史上，刘基与宋濂、高启并称"明初诗文三大家"。

一、初话刘基

　　历史上的刘基并不像传说中的那样，在他生前和身后的数百年间，并没有如此高的名声。在明代，刘基也仅仅位列开国功臣的最末位置。但是历史的机遇再次降临到他身上的时候，已经是他过世174年以后的事情了。而这次转机给刘基带来了巨大的声誉与神话一样的传说。

　　这次转机发生在大明皇朝的第十一位皇帝世宗朱厚熜在位之时。嘉靖十年（1531年），刘基的同乡、刑部郎中李瑜向嘉靖皇帝上疏说："刘基应该与太祖皇帝一起供奉在高庙，像开国第一武臣中山王徐达那样，子孙被册封世袭的爵位。"祭祀、袭爵在封建时代都是朝廷的大事，嘉靖皇帝就命群臣讨论此事，结果满朝大臣一致赞同，并说，太祖皇帝招揽贤豪，当时辅佐的功臣都有巨大的功勋。而许多奇计密谋都是刘基的贡献，所以当初太祖皇帝在没有平定天下的时候就说刘基是自己的张良，后来讨论封爵问题的时候，又将刘基比作诸葛亮。因此，大家一致认同刘基应该享受这个待遇。就在这一年，刘基的九世孙处州卫指挥刘瑜世袭刘基的诚意伯。须知，在明代只有勋臣武将才有与皇帝同时在太庙享受祭祀的荣誉。而中山王徐达为大明朝第一武将，其女是明成祖的仁孝皇后，此等地位只有开国第一功臣、韩国公李善长能与之比肩。嘉靖朝的满朝大臣竟将不以赫赫武功见长的刘基与中山王并列，这究竟是为什么呢？

　　让我们把目光转向六百多年前的明朝初年。在朱元璋的廿国功臣中，有一个具有显赫地位的集团，这就是所谓的淮西集团，而朱元璋本人就是淮西濠州人，他的大部分元勋功臣诸如李善长、徐达、常遇春等等都是淮西人，朱元璋就是在这个集团的支持下登上帝位的，这就决定了淮西集团在明朝初年显赫的

地位。而刘基作为后来归顺的浙东儒士，在新皇朝中究竟能拥有多大地位，是很值得怀疑的。尽管刘基的谋略与功勋为朱元璋所器重和承认，但是在淮西人唱主角的明朝初年，刘基因为地望的关系而不能享有更高的地位。从刘基先后被李善长和胡惟庸迫害的事实来看，刘基的地位决定了他在明朝初年

中国古代谋士

的历史上不会有深远的影响。明朝开国第一功臣的位置是属于淮西集团的领袖李善长的，朱元璋将李善长比作自己的萧何，封韩国公。刘基仅封诚意伯，位列众多公侯之下，远远不及李善长，就连他的好友——同受伯爵的封号汪广洋也不如。这种现象一直持续了百余年，直到15世纪末，明朝弘治年间，刘基的声誉才稍有提高。16世纪初，明武宗皇帝再次表彰了刘基的开国之功。当然，对于煊赫的大明皇朝来说，尊崇一位已经过世百年的开国元勋实在是一件平常之事。但是，嘉靖皇帝出于政治斗争的需要，在大臣支持的名义下，将刘基与徐达并列，骤然拔高了刘基的地位。这对于刘基来说，也许意味着一个神话的开始。传说中的刘基更是一个妙算阴阳的神一样的人物。其实在功成名就的背后，真实的刘基是一个绝顶聪明却略带悲剧色彩的人物。明末学者、大学士朱国桢对刘基有一句很精彩的概括："刘基当初是元朝的进士，那时他忠于元朝；后来他成为元朝的逐臣，他就隐居待时，终于辅佐朱元璋成就了事业，建立了大明皇朝。"刘基的生平，大约以50岁为分界线，50岁以前忠于元朝，50岁以后辅佐朱元璋，成为明帝国的开国元勋。

二、元朝进士

刘基的家乡青田县，在元代属于江浙行省的处州路，即今天的浙江丽水，境内多山。而刘基所居住的南田山就在青田县城南150里处。南田山自古就被称为"福地"，既然是福地，自然少不了诞生一些英雄豪杰。而此地的确风景秀丽、民风淳朴。刘基曾有诗形容家乡南田山之美景与风俗之淳厚。

我昔住在南山头，连山下带清溪幽。

山巅出泉宜种稻，绕屋尽是良田畴。

家家种田耻商贩，有足懒登县与州。

西风八月淋潦尽，稻穗栉比无蝗虫。

黄鸡长大白鸭重，瓦瓮琥珀香新刍。

芋块如拳栗壳赤，献罢地主还相酬。

东邻西舍迭宾主，老幼合坐意绸缪。

山花野叶插巾帽，竹箸漆碗歉瓷瓯。

酒酣大笑杂语话，跪拜交错礼数稠。

或起顿足舞侏儒，或坐拍手歌瓯篓。

倾盆倒榼混醯酱，烂漫沾渍方未休。

儿童跳跃助喧噪，执梃逐走同俘囚。

出门不记舍前路，颠倒扶掖迷去留。

朝阳照屋且熟睡，官府亦简少所求。

丰收之后，乡人们欢乐的宴饮图，或许成了刘基心目中永远无法抹去的太平景象，如此清新生动的乡村生活，是多么宁谧而又值得回忆。

刘基出生在一个读书人的家庭。父亲刘爚，字如晦，曾经做过遂昌县学教谕这样的小官。自隋唐开始，中国历代封建王朝开科举之制，读书做官就成了士人的理想。同历代的读书人一样，刘基自小便知道科举是他通往成功的唯一路径。因此他认真学习儒家经典，尤其精通《春秋》。14岁时，刘基成为处州路学的一名学生，这就相当于现代的市级重点中学的学生，刘基迈出了漫长科举道路的第一步。他的聪明才智很快就在学习生活中得到展现。据说，人们很少见到他拿着书本背诵，而是自己默默地看，很快就记住了书的内容。刘基在学校的时候，作的文章就很有才气。他还有过目不忘的本领，他曾经在元大都（即今北京）的一家书店中翻阅一本关于天文方

面的书，看过之后竟然能一字不漏地全部背诵下来，书店主人听到这件奇事之后，便要将书相赠，谁料到刘基却说，书已在我胸中，我还要这本书干吗。这足以说明刘基是一个绝顶聪明之人。

　　随着知识的增加，刘基参加了元代的科举考试。至顺三年(1332年)，刘基参加江浙行省的乡试，考中了举人，紧接着他于次年参加了第二级和第三级的科举考试——会试和廷试，名列进士榜三甲第二十名，赐同进士出身，这一年刘基只有22岁。须知，元朝是蒙古族建立的，蒙古贵族为了保持对广大中原地区百姓的统治优势，将全国的百姓分为四等，一等是蒙古人，二等是色目人，三等是汉人，四等是南人。元朝的科举考试，蒙古人和色目人考试题目简单且录取比率极高，以此来保持对中原的统治。而汉人与南人，特别是南人则有诸多限制，很难被录取。而刘基正是第四等南人，他能在这样的情况下考中进士，实属不易，更说明刘基确实有真才实学。所以刘基高中进士后，一时在乡间传为美谈。然而，与科举的坦途相比，刘基的仕途则要显得坎坷得多。这一方面是由于刘基对官场的适应能力与他的才学不成正比。另一方面，由于元朝的统治策略是防范汉人的，而刘基出身于南人，是南宋遗裔，更要严加防范，他自然不会受到重用。

　　元统元年的进士刘基，直到至元二年（1336年）才被授予高安县丞的官职。县丞是协助县令处理本县政务的微末小官，秩正八品。此后二十多年，刘基先后出任过江浙行省儒学副提举、行省考试官、行省枢密院经历、行省郎中、处州路总管府判等职。在这些官职中，最高的是处州路总管府判，不过是正六品，其余的不过七品。刘基在元朝二十余年的宦海沉浮，不过是一直沉沦下僚罢了。对于自负不世之才的刘基来说，自然是积愤于胸而不能平，可以说是有点愤世嫉俗的味道了。更加不幸的是，刘基的性格又是疾恶如仇，与当时腐败

黑暗的官场显得格格不入，因此刘基屡受打击。终元之世，刘基一直沉沦在官僚体制的底层，这离他治国平天下、一展胸中所学的理想实在是差得太远太远。

元至正十四年（1354年）与至正十六年（1356年）发生了两件事，使刘基深受打击。至正十三年，43岁的江浙行省都事刘基因建议捕杀方国珍，与朝廷招抚政策相左，次年春因此而被羁管于绍兴。当时刘基本人痛哭流涕，气得吐血，一度想到了自杀。他的门人劝慰他说，如今朝廷混淆是非，忠奸不明，难道说您能为了这样昏庸的朝廷而自杀吗？更何况您有老母亲在世，您如果自杀，她老人家怎么办啊？门人的一番话，让刘基打消了自杀的念头。被羁管于绍兴，倒是让刘基真正享受了一生中难得的一段轻松的时光。在此期间，刘基纵情于山水，写下了不少关于绍兴美景的游记。或许，我们此时会猜想，刘基已经超然于物外了，要彻底脱离官场。然而，自小就受过儒家传统教育的刘基怎么会忘记治国平天下的理想而做一个山野闲人呢？至正十六年春，江浙行省的一纸调令，再一次激起了刘基心中的涟漪。虽然绍兴山水美景难舍，但是治国平天下的强烈愿望还是使刘基接受了这一调令，离开了绍兴，出任江浙行省枢密院经历，与枢密院判官石抹宜孙等同守处州，不久刘基升任行省郎中。与石抹宜孙同守处州这一段时间，是刘基心情最激昂的一个时期。他与石抹宜孙彼此赋诗酬唱，甚是相得。然而，刘基虽然守土功高，朝廷却仅将他升为处州路总管府判。这一职位的变动，使刘基对朝廷失望到了极点。据说，刘基在接到朝廷的谕旨后，就在庭院中设摆香案，对着皇帝的圣旨放声痛哭，言道："我没有辜负世祖皇帝，也没有辜负朝廷，但是现在朝廷这样对待我，我还怎么能尽忠报国呢。"既然朝廷让充满抱负的刘基无法施展才能，于是他决计弃官归田，隐居在南田山下。刘基之言表明，他不是不想为元朝出力尽忠，而是朝廷给他的职位太小，不重视他，让他无法施展抱负、做一番大事业。

此时的大元帝国，已经没有了当年横扫亚欧大陆的威风，经过在中原近百年的统治，元朝已经极度腐朽，内忧外患不断，皇位更迭频繁，政局动荡，人民生活痛苦不堪。早在刘基还未辞官之时，以韩山童、刘福通为首的红巾军农民起义的火焰就已燃遍黄河南北，大江两岸。朝廷屡屡镇压，反倒成愈演愈烈之势。大元朝已是日之将夕、黄泉路近了。

在当时各路割据势力中，尤以朱元璋的势头最猛。至正十八年（1358 年）十二月，朱元璋的军队攻克了婺州路，不到一年，即第二年的十一月，处州路也落入朱元璋的手中，刘基的好友石末宜孙战死。最后一块让刘基容身的净土也失去了。后来有人说，这一年，刘基因为不为元朝所用，隐居青田，如果不是这样，势必与胡琛、章溢等一起抵抗朱元璋。以刘基的谋略，朱元璋的军队能否顺利攻陷婺州和处州还是个未知数。明万历年间的学者王世贞就说："元朝不用刘基，于是将刘基送给了太祖皇帝（朱元璋）。不使刘基与太祖皇帝争斗，反而让他成了太祖皇帝的第一谋臣，真是奇特啊。"换句话说，若非元朝弃刘基而不用，刘基也就成不了大明皇朝的开国功臣。

帷幄奇谋——刘基

三、刘基出山

刘基出山辅佐朱元璋，一半是请出去的，一半是逼出去的。刘基出山后，为未来的朱明王朝立下了汗马功劳。

至正十九年（1359 年），刘基辞官回到故里，隐居著述，等待时机。刘基绝不是放弃了他匡世济民之志，他虽然隐居，但仍然密切关注着天下大势。大元朝廷的腐败与混乱，使刘基清醒地认识到，曾经不可一世的大元帝国已是苟延残喘、大厦将倾，任何人也无法挽救，他对腐败的朝廷已经彻底失去信心。而当时各路农民起义军虽然是风起云涌、群雄逐鹿，一时间难分高下，但是刘基深知尽管北方红巾军声势浩大、席卷中原，大河南北几乎都有他们的足迹；且红巾军以恢复宋朝为名，又建立了自己的政权——龙凤政权，似乎有一举推翻元朝的希望。然而红巾军没有正确的政治目标，军纪涣散，各自为政，相互攻杀，最终的失败在所难免。江南群雄中，方国珍虽然起兵最早，但是此人胸无大志且反复无常，首鼠两端，只不过是流寇而已，不足以成大事。四川明玉珍只是希望割据巴蜀，无意与群雄争夺天下。割据东南富庶之地的张士诚，虽然殷富冠于群雄，自己也礼贤下士、优待士人，但是他也没有什么大志向，且与方国珍一样，投降朝廷，声名狼藉，处境已一日不如一日。经过一番对比分析后，刘基认为在各路起义军中，能成大事者只有割据湖广的陈友谅和占据应天（今南京）的朱元璋。刘基之所以放弃实力强大的陈友谅而选择实力较为弱小的朱元璋，完全是建立在对二人正确分析的基础之上。

陈友谅虽占有湖广荆襄之地，地广兵强，雄心勃勃。但是他好猜忌，喜欢用权谋之术驾驭部下，威严有余而恩惠不足，部将们都心怀疑惧和不满，所以

陈友谅的军队是外强中干的纸老虎。反观朱元璋，对部下宽猛相济，恩威并施，诚心相待，且是真正的农民军出身，又是龙凤政权的臣子，在名声上显然高过陈友谅。与陈友谅的猜忌相比，朱元璋的宽信赢得了刘基的信任。从此刘基就把注意力集中到朱元璋身上了，有意识地从各种渠道了解关于朱元璋各方面的情

况。通过长时间的观察与了解，刘基对于朱元璋的一切可以说是了如指掌，对于江南各路英雄的发展趋势也是洞若观火。朱元璋的远大志向和不同凡响的军事才能以及高深的谋略，深得刘基的赏识与赞佩。刘基此时与当年隐居在卧龙岗的诸葛孔明一样，胸怀救世之才，等待时机，遇明主便出山效力，一展鲲鹏之志。

朱元璋对刘基也是早闻大名，迫切希望得此贤才为己所用，一直在关注着刘基，希望能得到这位当世诸葛亮的辅助。两人虽未谋面，却有了相通的志向，一个欲成就帝业，一个想匡世济民，不谋而合。在刘基弃官归隐之后，朱元璋就派自己的部将去请刘基出山，辅佐自己成就像汉高祖一样的帝业。

至正十九年腊月某日的黄昏，刘基正在家中围炉读书，突然有人来访，来人见到刘基之后，将一封书信送与他。刘基问过来人身份之后才知道，这是朱元璋麾下处州总制官孙炎派来请刘基出山的特使。刘基看完书信，听来使说明来意之后，婉言谢绝了他的请求，使者无奈，只得返回处州。刘基的举动似乎与他的夙愿自相矛盾，但是如果仔细分析，便很容易发现其中的奥妙。作为刘基个人，他自然有他自己的想法，因为他的仕途经历决定了他肯定会以谨慎的态度对待任何人的邀请，当然也包括朱元璋。他虽然对朱元璋有很深的了解，并且有自己的评价，但那毕竟是他自己的判断而已，其正确与否他并没有绝对的把握，所以还必须有最后的试探。如果一两次辞谢之后，朱元璋便作罢，证明他还不是求贤若渴，不是个大度的、能成大事的人。如果这样，即使他应邀赴任，最终也不会被信任重用，所以他要再三推辞朱元璋的邀请。

在刘基第一次送走朱元璋的使者之后，不久，朱元璋又命孙炎派人请刘基出山，此次使者携带丰厚的聘礼来相请。这使刘基感到很为难，以他的性格不便立即应允，无奈之下只得以祖上所留的龙泉剑相赠，并以老母年高为由，再一次拒绝使者。第二次聘请又告失败。然而，朱元璋不愧是一代雄主，确有汉高祖一般的胸襟，又有刘备请诸葛亮的坚持，在第二次失败后，他并没有灰心，他明白凡是有大才的人必定要经过很多磨难才能得到。他再次命孙炎往聘刘基，并且以诗相赠。刘基通过朱元璋的再三聘请感受到朱元璋的诚意，他看到朱元璋以雄赳赳一武夫，竟然能作出这般殷殷情切的诗，实属不易，他不好再推辞。再加上此时，刘基的老母也劝他出山以实现自己的理想，在这样的情况下，刘基出山之意遂决，从此揭开了人生全新的一页。

帷幄奇谋——刘基

四、应天谋士

　　与刘基同时接受朱元璋聘请的还有宋濂、章溢、叶琛三人，此三人加上刘基号称"浙东四贤"。其他三人已经先行抵达金华，专候刘基到来相聚，然后再北上赴应天。四人会齐后，由朱元璋的部将胡大海亲自护送去应天。四人到达应天后，受到最隆重的接待。随后，朱元璋便亲自登门求教天下大势。相见之后，朱元璋提出自己的意图，以天下事相问，宋濂等三人依次谈了自己的看法。刘基最后陈述了他的时务十八策，朱元璋听罢大喜，赞叹不已，认为自己是汉高祖得到张良，刘备遇到诸葛亮。此后，朱元璋便把刘基当做自己的第一谋士，而刘基也倾心辅佐。

　　刘基来到应天之后，首先要做的就是为朱元璋规划他夺取天下的征伐大计。据说有一天，刘基去见朱元璋，正赶上他在吃饭，朱元璋便要刘基以吃饭的筷子为题赋诗一首。刘基才思敏捷，随即口占两句"一对湘江玉并春，二妃曾洒泪斑痕"。朱元璋听罢，面露不屑之意，认为此诗秀才气太重，紧接着刘基又吟两句"汉家四百年天下，尽在留侯一借间"。朱元璋听罢大喜，留侯就是汉朝开国第一谋士张良，而朱元璋与汉高祖刘邦一样，都是起自布衣的农民起义者，朱元璋又处处与汉高祖相比，如今他得到了自己的张良，怎么能不高兴？从此他对刘基大加信用，而刘基也确实起到了运筹帷幄之中、决胜千里之外的军师的作用。

　　成为朱元璋的谋士之后，刘基为他规划了以后发展的蓝图。刘基认为，要夺取天下，必须先剪灭江南群雄，方可北上灭元。元朝各路官军个个心怀鬼胎，

只知道保存自己的实力，不会南下进攻。而江南群雄中，他主张先灭势力最强的陈友谅，后取张士诚，再次是方国珍，福建和广东的割据势力可以传檄而定。他劝说朱元璋，陈友谅野心勃勃，且地广兵强，然而此人挟持君上，专权欺主，而且国内民心不附，将士离心，虽然外表强盛，但

实际很虚弱。这就好比要擒获猛兽，就要先擒住最凶猛的，其他的就会胆战心惊，也就很容易擒获了。而且灭掉陈友谅可以得到大片土地，又可以壮大自己的实力，为北上攻元打下基础。等到攻灭陈友谅之后，再取张士诚就易如反掌。张士诚这个人没有远大的志向，在进攻陈友谅的过程中，他只会据地自保，而不会发兵与陈友谅夹攻，这样就可以很轻松地灭掉张士诚。陈友谅和张士诚既平，其余之人不过数月就可以拿下。南方平定后，再挥师北上，攻取大都，席卷中原，此后出兵川蜀，则天下平定，帝业可成。刘基的一番论述确实高瞻远瞩，高屋建瓴，令朱元璋茅塞顿开。他决定采纳刘基的计策，先攻灭陈友谅，再取张士诚。这样，朱元璋在全面胜利的道路上迈出了举足轻重的一步。

而此时的陈友谅，势力也正迅速壮大。他既有问鼎天下的实力，也有逐鹿中原的野心。至正十八年，陈友谅连续占领安庆、洪都、抚州、吉安、建昌、赣州，并且分兵出福建，取得邵武等地，声势大振。至正十九年，陈友谅挟其主天完皇帝徐寿辉至江州，骄横无比，自称汉王，置官署，封群臣，诛赏任自为之，丝毫不把自己的皇帝放在眼里。朱元璋要想吞并天下，就必然与他发生冲突。两雄相争，难免一战，且彼此必欲置对方于死地而后快。至正二十年五月，陈友谅因池州战败，亲率大军进攻朱元璋。汉军进攻应天门户——太平。因寡不敌众，守将花云力战不屈而死。著名的京剧曲目《战太平》便由此而来。陈友谅占领太平，前锋直抵采石矶，此时他认为取应天如探囊取物，便想自立为帝，完成他的皇帝梦。有此想法，他便欲弑主。经过一番准备后，陈友谅以奏事为名面见天完皇帝徐寿辉，暗命卫士以铁锤猛击徐寿辉头部，然后以皇帝暴疾而崩布告军中。杀掉皇帝后，陈友谅消除了称帝的最后障碍，便于采石矶的五通庙称帝自立，行即位礼，国号汉，以邹普胜为太师，张必先为丞相，张定边为太尉，并屯重兵于采石，遣使约张士诚夹攻朱元璋，一时应天大震。

应天城内的朱元璋闻听此信，确实大出意外，陈友谅大兵已至采石，兵锋直指应天。朱元璋问计于文武，文官武将各执一词，有人主张投降以保全实力，有人主张退保钟山等待寻求有利战机，有人提出决一死战。这时只有刚刚出山的刘基默不作声，静静地听着诸将的议论。朱元璋听了诸将的意见，一时也拿

帷幄奇谋——刘基

167

不定主意，见刘基一直沉默不语，便请刘基入内室问计。刘基来到内室后，斩钉截铁地对朱元璋说："先斩杀主张投降和退保钟山的人，才可以破敌。"朱元璋立即向他询问破敌之策。刘基徐徐说道："陈友谅杀害他的君主，自己篡权称帝，骄横无比，他内心一直没有忘记吞并我们。如今他气势汹汹，率大军占领太平，顺江东下，这是在向我们示威，逼迫我们退让。我们坚决不能让他得逞，只有抵抗到底这一条路。"然后刘基接着说："陈友谅虽然兵将强悍，但是他们千里行军来进犯我们，将士必然疲惫不堪，这是他的一个不利条件；陈友谅杀害自己的皇帝来进犯我们，这是不义之举，不得民心，这又是一个不利条件。而我们后发制人，以逸待劳，等他的大军深入后，我们布置伏兵进攻，必胜无疑。这一场战役对我们意义重大，不可轻视啊。"朱元璋本来就不满诸将的意见，听了刘基的话，正中下怀，更坚定了他抗击的决心。于是他采纳刘基的计策调兵遣将，做好了迎战准备。他急调徐达和常遇春立即自池州返回应天听候调遣；驰谕胡大海率军进攻信州，以此来牵制陈友谅的后路；又授计康茂才，以诈降引诱陈友谅向应天进攻；冯国胜等率五翼军埋伏于石灰山（即幕府山）一侧；徐达回来后伏兵于南门外；杨璟驻兵于大胜港；张德胜与朱虎率水师出龙江关外，策应诸路；朱元璋本人亲自在卢龙山督战。并约定信号，发现敌军举红旗，举黄旗时则伏兵齐出，四面进攻。一切准备就绪，单等陈友谅进攻了。

果然，陈友谅在称帝之后便迫不及待地要夺下应天，一统江南。此时他的旧相识康茂才约定作内应攻破应天，陈友谅闻听大喜，相信了康茂才的话。他亲率大军自采石矶来取应天。他的大军来到应天城外时，没有发现自己的内应，心里怀疑中计，但自恃兵力强盛，便继续前进，慢慢地进入了朱元璋的埋伏圈。

此时，朱元璋军中已经举起红旗，单等陈友谅完全进入埋伏圈。陈友谅大军果然进入伏兵之处，朱元璋军中黄旗举起，伏兵四出。此时，大江之中，朱元璋的水师也出来助战，陈友谅顾此失彼，面对朱元璋的埋伏束手无策。此时，原约定来援的陈友谅的五弟也败于龙江。无奈之下，陈友谅只得弃大军，自己乘小船逃回江州老巢。采石一战，朱元璋大获全胜，稳定了应天根据地。

采石大战，可以说是刘基归顺朱元璋之后的第一次亮相，无论是战前力主迎敌，还是战中为朱元璋出谋划策，都显示了刘基的非凡魄力和智慧以及杰出的军事指挥才能。这次战役的大获全胜巩固了朱元璋的应天根据地，这对朱元璋日后的发展至关重要。因此，刘基日益受到朱元璋的赏识和信任，在军中的威望也日益提高。战斗结束后，朱元璋要用克敌之赏来奖赏刘基，刘基却坚辞不受，这更赢得了诸将的尊敬与信任。

采石之战后，至正二十一年（1361年），朱元璋执行刘基的征伐策略，亲自率领徐达和常遇春等大将，在刘基的陪同下，进攻陈友谅。在刘基的谋划下，大军一路夺安庆，取江州，直逼洪都。就在攻取洪都的关键时刻，刘基的老母病故。依照封建礼法，父母身故，做儿子的应该回家守孝三年，以尽人子之道。此时的刘基听到这个消息，可以说是悲痛万分，老母身故，抱恨终天，恨不得立即回家为母亲守制。但是，洪都城旦夕可下，朱元璋又离不开他。刚刚出山，便要离去，他的心中确实矛盾万分，去还是留是个很难的抉择。朱元璋似乎明白刘基的心思，在这进攻洪都的关键时刻，他的确不愿刘基离开，一旦刘基离去，这战争如何进行，战争的胜负也难以预料。朱元璋决定亲自写慰书给刘基，文章写得恳切动人，刘基阅罢，深为感动，他决定留在军中。终于，在刘基的帮助下，大军夺得汉国的门户洪都。夺下洪都后，朱元璋在著名的滕王阁大摆庆功宴，诸将皆开怀畅饮，以庆祝胜利。只有刘基一人内心悲痛万分，老母归天，自己却无法回家为母守孝，实在是不孝之极。在这种情况下，刘基提出要回家葬母。此时洪都城已经攻下，形势有利于朱元璋，他提出这个要求，朱元璋便答应了他，批准他回家葬母。

大军凯旋之日，刘基回家为母奔丧。葬母之后，刘基依例守制三年。此时他虽然身在青田，却心在应天，时时不忘他为朱元璋设计的征伐大计。而朱元璋在刘基走后，就好像没了主心骨一样，凡事都不敢果断地做出决定，深怕自己的决策不妥，以致坏了大事。由此不难看出，刘基对于朱元璋是多么重要。刘基也的确称得上是朱元璋军中运筹帷幄、举足轻重的人物，是朱元璋的股肱重臣。在刘基守制的一年多里，朱元璋一再写信向刘基询问军国大计，刘基则逐条分析，给出答复，总使朱元璋感到满意。刘基确实是一位杰出的战术家，他运筹帷幄，几乎每谋必中，难怪诸将对他倍加叹服，朱元璋更是倚如腹心，几乎是言听计从。此时朱元璋更感到刘基不在的空虚，虽然可以用书信求教军国大事，但是毕竟路途遥远，缓不济急，对一些重要军情不能够及时拿出对策，这给朱元璋带来很大不便，因此他派人敦请刘基早回应天。

至正二十二年（1362年），朱元璋又一次派人送信给刘基，信中表达了朱元璋对刘基的期盼，希望他早日返回应天。信中每一个字、每句话，都反映了朱元璋对刘基的信任与依赖，反映了朱元璋因为刘基不在身边，对军政大事拿不定主意的那种焦急心情。刘基终于被朱元璋的诚意所打动，为了不辜负朱元璋的一片盛情，刘基提前结束守制，返回应天。刘基回到应天以后，朱元璋更加信任他，继续他征伐四方、一统海内的大业。

朱元璋在此时虽然占据应天，但是名义上仍然是龙凤政权的属臣。此时龙凤皇帝韩林儿已经在元军的进攻下失去东都汴梁（今开封），退保安丰，形势岌岌可危。而这个时候龙凤朝廷的丞相、农民起义军领袖刘福通也已遇害，元朝大军包围安丰。小明王韩林儿无计可施，日夜啼哭，只得派人赴应天向朱元璋求救。朱元璋作为小明王所封的江南行省平章事、吴国公，有义不容辞的救护责任，再说这样也可以获得救主的美名。在这种思想支配下，朱元璋拒绝了刘基的建议，亲率大军迎小明王于滁州，供奉甚厚。而此时陈友谅一刻也没有忘记采石之战的耻辱。为了一雪前耻，夺回洪都，陈友谅趁朱元璋救韩林儿之际，亲率大军来攻洪都。这就引发了吴汉双方决定性的战役——鄱阳湖大战。

至正二十三年（1363年），陈友谅起倾国之兵来取洪都。陈友谅的水师，有巨舰百余艘，号称"楼船"，大的可容三千人，小的也可容两千人。陈友谅自以为必胜，载着百官家小，空国而来，大军号称六十万，于当年的四月二十三日直抵洪都城下，拉开了这场大战的序幕。洪都守将朱文正是朱元璋的亲侄子，一面率军奋力抵抗，一面派人赴应天求救。八月二十九日，朱元璋亲率二十万

大军来援。两军相遇在鄱阳湖中，大战四天不分胜负。这四天中陈友谅损失惨重，麾下大将陈普略和两个弟弟陈友仁、陈友贵先后战死。同样的，朱元璋的损失也不小。据记载，朱元璋率水军与陈友谅大战于鄱阳湖，相持四日，胜负未决，朱元璋心中十分焦虑。看来真是到了性命相搏的时刻，连朱元璋自己都没有必胜的信心。

这时候，刘基提出"移师湖口"的建议，就是将战舰全部转移到湖口，封锁鄱阳湖通往长江的水道，将陈友谅的水师困在鄱阳湖中。朱元璋立即采纳这个计策。九月初二，朱元璋的战舰尾部都升起灯笼，陆续驶往湖口，封住了鄱阳湖进入长江的水道。至此，鄱阳湖成了一只扎住陈友谅水军的口袋。很明显，陈友谅的巨舰在相对狭窄的湖口水面上远远比不上朱元璋的战舰那样灵活有用，所以相持十数日，陈友谅始终不能突破湖口的封锁。这个时候，陈友谅的许多将领提出，放弃水军船只，从陆路返回武昌，整军再战。由于意见不统一，汉军内部发生了激烈争吵，接着，竟然出现了叛逃事件。更要命的是，双方相持日久，陈友谅军中粮食已尽，而派去抢粮的五百艘船又被洪都守将朱文正放火烧毁，陈友谅陷入困境。

陈友谅粮尽援绝，无奈之下，企图冒死突围，逃回武昌。他亲自带领楼船百余艘奔赴南湖嘴，被此处守军击退而不能通过。于是，只得再转往湖口，准备从此突入长江。朱元璋与刘基指挥各军围追堵截，用火舟火筏冲击楼船。陈友谅舟船散乱，狂退数十里，滞留在湖中。战斗自清晨持续到午后，两军相搏，顺流而下，直至江口，陈友谅遭重兵伏击，中流矢而死。朱元璋的军队听到这个消息，欢呼雀跃，士气大振，更加奋力杀敌。陈友谅大军失去主帅，大溃而散。陈友谅的太子陈善、平章姚天祥被俘，枢密使李才以全部楼船军马来降，朱元璋得人马五万余。汉国太尉张定边用小船载陈友谅尸体及其子陈理星夜逃回武昌。鄱阳湖大战至此以朱元璋大获全胜而告终。

此次大战，刘基与朱元璋同船督战，直接参与谋划与指挥，功盖诸将。在大战之前，朱元璋是没有把握的。刘基为朱元璋分析了当时的形势，认为知己知彼，百战不殆，敌我双方各具优势，敌方的优势是，大军号称六十万，我方只有二十万。水军船舰，敌方高大坚固，连舟布阵，长达十余里。我方小船难以仰攻，故在人力和装备上，我方处于劣势。但是我方也占有优势。首先，我军士气高涨，能够同仇敌忾。敌方已经围困洪都八十余日，死伤惨重，已是强弩之末；其次，敌方战舰相连，虽可以抵挡大江上的风浪，但行动不便。我军舟小体轻，操纵灵活，进退自如；还有就是陈友谅这个人寡恩多疑，上下离心，而我军则上下一心。最后一点就更为重要了，即敌人的后路已被切断，而且对方空国而来，粮尽兵疲，无援可待。而我方却有应天大后方源源不断的接应。综合起来看，我方的优势多于劣势，因此此战必胜无疑。朱元璋听后，树立了决战到底的信心。

鄱阳湖之战是朱元璋削平江南群雄的一次重要战役。此次双方投入兵力之多、战斗激烈程度与持续时间之长，在我国战争史上也是少有的。此次战争的胜利对朱元璋来说，意义是重大的。可以说朱元璋之所以最后能够削平群雄，推翻元朝，建立了延续276年的大明皇朝，鄱阳湖之战是一场决定性战役。正如朱元璋自己所说的那样，统一天下的大业，是从鄱阳湖大战的胜利开始的，从此以后就没有什么可值得忧虑的了。

陈友谅的太尉张定边回到武昌后，立陈友谅的儿子陈理为帝，但是此时汉国已无实力与朱元璋相抗衡。在鄱阳湖大战的次年，朱元璋采纳刘基之策，溯江而上，率大军直指武昌，张定边战死，陈理出降，汉政权正式宣告灭亡。

灭了陈友谅，大军凯旋回应天，按照刘基的策略，下一步便是全力征讨张士诚。自此以后，劲敌已灭，从征讨张士诚开始，朱元璋与刘基便不再亲自出征了。但是，每次命将出师的用兵部署以及大的战役计划，朱元璋仍旧和刘基密议以后才决定。经常是朱元璋到刘基的住处，或者召刘基入府中，两个人就天下大事还有征讨方略秘密议定，然后由朱元璋向诸将部署，由诸将执行。朱元璋知道刘基的一片赤诚之心，所以无论什么事都要找刘基商量。刘基自己也感到和朱元璋乃是不世之遇，犹如汉高祖之遇张良，也做到知无不言，遇有急难之事，刘基勇气奋发，计划立定，往往能够成功。正因为刘基是这样一个难得的人才，所以自从朱元璋得到刘基以后，每战必胜，每攻必克，遂能扫平群雄，一统天下。正因为这样，朱元璋对刘基非常尊敬，常呼老先生而不名。

江南群雄中在此时能与朱元璋相抗衡的只有张士诚了。灭亡张士诚，早在刘基的策划当中。张士诚在鄱阳湖大战之时，没有答应陈友谅夹攻朱元璋的请求，而是观望不前，失去了消灭朱元璋的最佳时机。而经过讨灭陈友谅的战争，朱元璋声势大振，实力也大大增强。等到陈友谅彻底败亡之后，张士诚才意识到自己的危机，遂派兵进攻朱元璋。这时候发动进攻，非但不能取胜，反而为朱元璋制造了战争借口。至正二十五年（1365年）

十月，朱元璋在打退张士诚的进攻后，发布文告，命令徐达等进兵征讨张士诚割据的苏北地区。到至正二十六年（1366年）四月，苏北之地已全部落入朱元璋手中。随着苏北与淮南之地的失陷，至正二十六年五月，朱元璋命徐达为大将军、常遇春为副将，起兵二十万，向江南张士诚的腹心地区发起进攻。

至正二十六年，徐达和常遇春先后攻下了湖州、杭州、嘉兴、绍兴等地，十一月形成了对平江的包围。张士诚手下大将吕珍和李伯升先后投降了朱元璋。但平江城城高墙厚，硬打很难攻下，朱元璋便下令在平江四周筑起长围，在长围上建起三层高的木塔，名为敌楼，监视城中动静，每层敌楼上都装有弓箭火炮，又用巨石炮日夜轰击。朱元璋派人送信给张士诚，劝他投降，降将李伯升也去劝降，但张士诚仍是不降。张士诚派他的弟弟张士信守城，张士信倚仗城池坚固也满不在乎，在城墙上督战时还带着美女与好酒寻欢作乐，结果中炮身亡。

平江城长时间被围，张士诚内无粮草，外无救兵，只好拼命突围，但没有成功。终于，在至正二十七年（1367年）九月，城被攻破，其手下守城将领投降，张士诚亲自率人进行巷战，最后见无法挽回败局，下令把户籍图册全部烧毁，把国库里的金银财宝和绫罗绸缎全部分给百姓，然后放火烧死妻子家小，自己上吊自杀，但自杀未遂，被李伯升救下，交给常遇春送到应天。过了几日，他乘人不备，又自缢而死。此后，江南只有方国珍与福建、广东二地没有扫灭，而这些势力根本不足以与朱元璋相抗衡。现在朱元璋要做的就是北伐中原，攻取大都，灭亡元朝。

至正二十六年十一月，当朱元璋兵临平江，筑起长围，张士诚已经成为瓮中之鳖的时候，朱元璋又在十二月派廖永忠去滁州迎接小明王的銮驾至应天，当小明王在瓜步乘船渡江时，廖永忠派人把船凿沉，小明王韩林儿和他的家属都成了江中冤魂。

廖永忠此举实是受了朱元璋的指派。以前朱元璋要发展自己需要打着龙凤皇帝的招牌，用恢复大宋江山为幌子，收买人心。等到至正二十六年十二月的时候，天下形势已经大不一样了。几年来，朱元璋按照刘基为他指定的征伐大计，一步一个脚印走了过来，最强劲的对手陈友谅已经被消灭，张士诚的灭亡也只是时间问题，朱元璋下一步就要自己当皇帝，这时候小明王就成了他的一个障碍，除掉他是必然的了。小明王既死，龙凤政权也就不存在了，龙凤年号也自然废止，于是朱元璋在至正二十七年称吴王，改当年为吴元年，这离他登基称帝只有一步之遥了。

吴元年（1367年），朱元璋按照刘基制定的"征讨大计"，几乎同时进行了南征和北伐。

吴元年九月，当朱元璋攻克平江后，随即兵分两路进攻方国珍。当时的方国珍已是惶惶不可终日，一筹莫展。他感到自己已是穷途末路，便搜集珍宝，征集海船，准备全家入海逃跑。朱元璋见方国珍不可理喻，便在九月派兵进占台州和温州，派汤和率大军攻打庆元，方国珍逃入海中，汤和率军追击，大败方国珍于海上。十一月，朱元璋又派廖永忠率舟师入海，与汤和合击方国珍，方国珍纳款投降。

吴元年十月，在平定方国珍时，朱元璋命胡廷瑞为征南将军，何文辉为副将，率军征讨福建的军阀陈友定。

陈友定虽然割据福建，却是大元朝的福建行省参知政事，闽中八郡皆属他管辖。他是元朝真正的忠臣，屡次为缺粮的大都从海上运粮，大受元顺帝的嘉奖，命他总领福建。这时候福建与朝廷的联系已经隔断，陈友定成了福建的土皇帝。

这次朱元璋派军南征陈友定，一路上势如破竹，陈友定的部将纷纷投降。十二月，朱元璋又令汤和与廖永忠等人率舟师自庆元取福州。到了洪武元年（1368年），明军攻建宁，进围延平，陈友定服毒自杀未死，俘送应天，不久被杀。此后福建的各路州县相继投降，福建平定。

福建平定后，朱元璋继续南征。这时除了四川的明玉珍，云南的梁王有相对孤立的割据政权外，两广还未平定，但是这些力量比较分散，不能阻挡朱元璋。很快朱元璋便夺取了两广之地。

此时朱元璋要做的就是实现刘基为他设计的蓝图中最重要的一步，北上灭元。这个时候，元朝统治集团更加腐败不堪，内部倾轧，军阀混战，已经到了不可收拾的地步。在丞相脱脱被贬杀后，元顺帝失去约束，更加怠于政事，皇太子掌握政权，与元顺帝又发生冲突，几乎到了兵戎相见的地步。自从脱脱死后，元军更是不堪一击，只有依靠各地军阀来镇压农民起义。此时，依靠地主武装起家的察罕帖木儿、李思齐、张良弼等人迅速崛起。可是这几家各怀鬼胎，都想保存实力，壮大自己，四家争权夺利，相互攻伐不已。与此同时，宫廷内部的争斗也到了白热化的地步。在这种形势下，朱元璋开始进行北伐。

吴元年十月，朱元璋命中书右丞相徐达为征虏大将军，平章常遇春为副将，率大军二十五万北伐。朱元璋在和刘基商定之后，提出了北伐的具体方案：先攻取山东，打掉大都的屏障；再回师河南，斩断大都的羽翼；攻取潼关坚守，不让陕西的元军出关；这时候再进军大都，大都就成了一座孤城。攻下大都后，再派军从潼关进攻陕西，这样关陇、云中、九原就可以席卷而下。刘基在这个时候一再提醒朱元璋，此次北伐是吊民伐罪，推翻大元朝廷，一定要申明军纪，不可滥杀无辜，最重要的就是平定中原，使百姓生活安定，同时他还提出，为了争取中原百姓的支持，北伐还要宣传光复汉室江山的意义。

按照计划，北伐的第一步是攻取山东，徐达率军抵达淮安，派人招抚，元朝山东守将或降或逃，山东平定。接着进军河南。徐达亲自率军进攻北宋旧都东京汴梁，元朝守将左君弼等投降。这时候的朱元璋已于至正二十八年（1368年）在应天登基称帝，改国号为大明，改元洪武。洪武元年五月，朱元璋北巡汴梁，准备进军大都。此时的大都已成了孤城一座，李思齐被困在陕西，王保保战败于河南，大都彻底失去了外援的支持。同时明军在河南也取得大胜。北伐大军随即在德州会齐，步骑舟师沿运河北上，直取直沽。元守将纷纷逃遁，大都震动。当明军进抵通州时，元顺帝率太子后妃开德胜门北逃上都。八月初二，徐达率北伐大军进入大都，至此，统治中原97年的元朝终于被推翻。元朝被推翻后，朱元璋在刘基的策划下，派大军开始了清除各地残余势力的战争，取得全国的统一。

五、大明功臣

洪武元年（1368年），朱元璋建立明朝，设置御史台，以刘基为御史中丞，担任御史台的行政长官。七月，朱元璋北巡汴梁，命刘基与中书左丞相李善长留守应天。这期间由于刘基的刚正不阿，得罪了大明第一功臣李善长。

在朱元璋走之前，刘基就要求严肃纲纪，严惩不法者，朱元璋完全同意刘基的观点。刘基平日刚严，凡见官吏犯法，即严惩不贷，所以当时的官吏都很惧怕刘基。就在朱元璋北巡汴梁之际，中书都事李彬犯法当斩，可是此人是李善长的亲戚，李善长在此时便替他向刘基求情。李善长认为满朝大臣都会看在自己这个开国第一元勋的面子上放过李彬，刘基也应该是这样，谁知道刘基没答应，并且派人赴汴梁奏斩李彬。李善长由此怨恨刘基。

刘基在担任御史中丞期间，不但不畏权臣，而且敢于直谏。洪武二年九月，朱元璋与群臣讨论建都之地。有的人说，关中是天府之国，地理位置险固，又是汉唐旧都，应该定都在关中。有的人说，洛阳处在天下中心位置，应该建都洛阳。有的人说，汴梁是大宋旧都，于此建都可以收买人心。有的人则说北平宫室完备，建都于此可以节省民力。朱元璋听了诸臣的建议后说，你们说得都很对，所不同的就是说法不同而已。应天有长江天险，龙盘虎踞，足以建都。而临濠（今凤阳），前有长江，后有淮河，有险可依，可以建为中都。群臣听了朱元璋的一番话后，都交口称赞。在大家都应和讨好君主的情况下，唯有刘基大胆持反对意见。他说："临濠虽然是陛下的家乡，但是却不是建都之地。"刘基的一句话一针见血，一语道破了朱元璋的真实想法，临濠无论是从地理位置还是从政治经济角度看，都不适合在这里建都，朱元璋之所以要建都于此，只因为这里是他的家乡而已。刘基这样直言不讳地谏阻皇帝，当然惹得朱元璋大为不悦。他最终还是没有听从刘基的建议，正式下诏以临濠为中都，并改名凤阳。

刘基在开国之后，既敢于抗言直谏，又敢于得罪权臣。但是对于一般的大臣，他却很宽容。他经常在朱元璋面前解救廷臣，被他解救的廷臣知道刘基救了自己，都满怀感激之情前去致谢，还有很多人在免遭责罚之后还不清楚是谁救了自己。对于这些，刘基都只字不提。从这些事上，我们可以看出刘基的为人。对于平民百姓，刘基一直主张要爱民宽仁。在刘基担任御史中丞期间，经他手平反了不少冤案。

朱元璋于 1368 年称帝，建立了大明皇朝。虽然元顺帝已经逃往上都和林，割据各地的军阀也基本被消灭。但是，经过元朝历代皇帝的荒纵，还有数十年以来的战祸，封建统治秩序几乎全被打乱。现在首先要做的是恢复统治秩序，发展生产。重建一个国家不是朱元璋手下这些大将能做到的，就是文臣之首李善长也不能做到完美。此时，刘基呕心沥血，为大明朝重建封建秩序作出了巨大的贡献。洪武元年，朱元璋登基称帝后，拜刘基为御史中丞兼太史令加太子赞善大夫。即位后，朱元璋问刘基，过去群雄角逐，生灵涂炭，现在天下太平，应该用什么方法使百姓休养生息呢？刘基回答说，使百姓安居乐业，就是要做到对百姓实行仁政，不要过分剥削百姓，这样天下就会安定。从这里我们可以看出，刘基治理国家的理论基础是传统的儒家思想。早在他投奔朱元璋之前，他就有一套完整的匡治天下的理论和方法，这个理论和方法，集中地反映在他所著的《郁离子》一书中。

他认为，治理天下就像医生治病一样，关键在于切脉、审证、开方、用药几个环节。治理天下也同样是这个道理，一个国家的纲纪就是这个国家的脉象，社会治乱就是症状，道德和刑罚就是药房，而各级管理人才即大小官吏就如治病的药材，只要把握国家的纲纪、德刑、人才就能治理好天下。他认为治世的原则，应该是德刑并用而以德为主，就是要首先反对暴虐，反对无止境的榨取，要有仁爱之心，懂得关心和爱护百姓以仁慈感天下，同时还必须有严明的法纪，有法必依，执法必严，使人有所畏惧，以维护不可动摇的封建统治秩序。德治威行，前者是本，后者是辅，只有德治才能真正取胜天下。他还认为，德治的关键在于吏治，即在于选用人才。治好天下应该启用秉公执法、德才兼备的人担任各级官吏。他主张不拘一格选拔人才，唯能是用，量才录用。刘基根据这套理论与方法，帮助刚刚建立政权的朱元璋治理天下，收到了很好的效果。

刘基认为开国之初施行仁政的最大障碍就是纲纪不严。自宋朝和元朝以来，尤其是在元朝末年，从皇帝到各级官吏，上贪下暴，纲纪败乱，致使生灵涂炭，群雄四起。因此当前最重要的就是振肃纲纪，再施行仁政。他把振肃纲纪、建立法令制度当做头等大事。早在明朝建立以前，刘基就针对军队滥杀无辜的严重现象，恳请朱元璋立法加以制止，朱元璋采纳了他的建议，每当军队攻下一城后，便命李善长把事先写好的禁约四处张贴，还派人沿街巡查，凡遇到违反禁令的，当场治罪。由于纪律严明，朱元璋军队的声威越来越大。这也是他削平群雄，最后取得统一中国胜利的重要因素。

明朝建立后不久，刘基奏请并亲自参与制定《大明律》与《军卫法》。吴元年（1367年）十二月，刘基与李善长等人编制的律令完成，这就是《大明律》最早的雏形。经过朱元璋审阅及群臣讨论，作了些修改，删繁就简，减重从轻，然后颁布施行。《大明律》共计285条，其中145条是唐朝《永徽律》的旧条例。在此基础上，朱元璋又在五年后加以修改，最后终于在洪武三十年正式颁

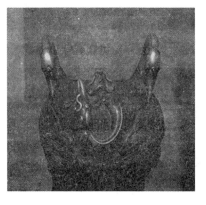

行。《大明律》是中国法律史上极其重要的一部法典，其总的精神就是宽和待民与严惩贪官。这些无一不体现了刘基的治世思想和治国理念。

洪武元年，刘基又奏请建立军卫法，军卫法又叫卫所制，是明初的一项重大措施。刘基根据百姓需要休养生息，用兵却又不能少的实际情况，兼取古代军屯与府兵制的长处，创立了卫所制度。这种军事制度有两个特点：一是常备军与农业生产密切结合。二是将领不得专有军队，军队属于国家即皇帝，将领只是统领。这样一来，军队通过屯田就能自己解决军粮问题，而且还能防止因将领长期带兵，军队成为将领私人军队现象的出现。既节省了国家开支，又保存了国家实力，一举两得，难怪朱元璋为此而自豪。如此一来，骄兵叛将、悍将跋扈的危险就没有在明朝出现过。这可以说是刘基对明朝最大的贡献。

《大明律》和《军卫法》的制定，在明朝是两件大事，刘基作为开国元勋，首先倡导并直接参与制定，充分体现了他非凡的治世才能。

六、刘基之死

　　洪武元年，58岁的刘基成为大明朝的开国元勋。此时他心里想了很多，一股莫可名状的惆怅控制了他的情绪，他的思绪就像脱缰的野马，跑了很远。随圣上征战十余年，凭借自己的学识，为其打下了江山。然而，刘基熟悉朱元璋也熟悉历史。他知道，朱元璋这个人猜忌多疑，刚愎自用，区别是非、判断善恶的标准，往往是他个人的意志，他讲君臣关系时可以说是冠冕堂皇，而实际上他对部下时时不忘严加防范，怕他们夺取自己的权位。刘基也明白朱元璋不是唐太宗那

样的圣主，没有他那样的度量，唐太宗不仅能和功臣共患难，更能同富贵，为了保全功臣，唐太宗可以说付出了很多，而且和功臣们也可以说得上是推心置腹。朱元璋却不是这样的人，他只可以共患难而不可以同富贵。刘基更熟悉中国的历史，他想到了春秋越国的大夫文种，帮助勾践灭亡吴国，可是成功后勾践却把他杀害。他知道朱元璋就是越王勾践一类的君主。想到这，范蠡映入刘基的脑海，他在帮助勾践灭吴后，浮海泛舟做了一个商人。刘基决定学范蠡，托辞致仕，回归故土。

　　洪武元年七月，朱元璋从汴梁回到应天，正当各地捷报频频传到京都，君臣上下沉浸在一片欢乐喜庆气氛之中的时候，刘基突然提出了告老还乡的请求。对此，朱元璋感到惊讶不已。刘基的这个决定，确实使朱元璋和同僚们感到突然和费解。自从出山投奔朱元璋，到削平群雄而建立大明王朝，刘基以他第一流谋士的身份，十数年来跟随朱元璋南征北战，付出了全部的心血，作出了巨大的贡献。本应该在大功告成之后，以功臣自居，封侯赐爵，这才是情理之中，然而他却没这样做，这正是他超乎常人的独特之处。"飞鸟尽，良弓藏；敌国破，谋臣亡"的道理，他比谁都懂。

就在朱元璋回到应天后不久，因为李斌的事情，李善长弹劾刘基擅权揽政。再加上此时刘基对朱元璋建都凤阳的事予以谏阻，让朱元璋很不满意，刘基决定就此告老还乡。从历史上功臣被杀的先例看，刘基的急流勇退是正确的。他完成了张良的功业，此时他也要学张良。洪武元年八月，朱元璋准了刘基的请求，让他告老还乡。

刘基回家后仅过了几个月，朱元璋又亲自下诏召刘基回京。无奈之下，刘基回到应天。回来后，朱元璋对刘基可谓是恩宠备至。因为刘基夫人刚刚去世，朱元璋就赐一名宫女给他做侍妾，然后追封刘基的先人。同时恢复了他御史中丞、太史令的职务，并且加授弘文馆学士的头衔，以示荣宠。

洪武三年（1370年）十一月初，徐达和李文忠的北伐大军班师回京。紧接着，朱元璋便大封功臣。封公者有六个人，封侯的有二十八个人，所封公侯中竟然没有刘基。这是为什么呢？这还是要从刘基的为人说起，刘基明白位越高则危险越大。当年张良为刘邦开创大汉朝立下不世之功，刘邦要在富庶的齐国为他选三万户作为封赏，张良固辞，只封了留侯而已，这是张良的全身而退之道。刘基是朱元璋的张良，他当然在封赏上也要学张良。朱元璋觉得如果不封赏刘基实在有点对不起他，因此，朱元璋下诏封刘基为诚意伯，赐铁券，这比起李善长来差远了。虽然刘基自己并不在乎这些，但还是从这件事上得出结论，朱元璋不再像从前那样信任和器重自己了，既然这样，何不再回到家乡，去过安静而又与世无争的生活呢？

洪武三年（1370年），刘基被授为弘文馆学士，十一月，朱元璋大封功臣，册封刘基为开国翊运守正文臣、资善大夫、上护军、诚意伯。次年即洪武四年（1371年）正月，刘基提出了告老还乡的请求，朱元璋终于同意了，刘基很是高兴。无论如何，朱元璋总算满足了刘基这位勋臣最后一点小小的愿望，这对于襟怀坦荡、淡泊名利的刘基来说就足够了。这年四月，刘基安全回到家中，从此便开始了隐居生活。他远离官场，摆脱了尔虞我诈的烦扰，如释重负。这也正是刘基在功成之后所渴望得到的。他终于回到了自己的故乡，看着亲人，看着家乡的山山水水、一草一木，刘基感到从未有过的轻松和愉快。

刘基每天都是以饮酒弈棋为乐，对自己过去的功劳绝口不提。因为刘基有威名，又是朝廷的勋臣，地方上的官吏都想见见他，但刘基都一一回绝。刘基之所以避见地方官，是因为他怕地方官奉承张扬，常来常往，传到朱元璋耳朵里，就会有植党结派之嫌了。既然隐居乡里，就彻底地与官场是非断绝联系，做一个普普通通的老百姓，以免惹出是非。刘基这次还乡，几乎天天和家人在一起，尽享天伦之乐。刘基认为自己人生的最后岁月就该这样悄无声息地度过。

可是，人的理想总与现实有着巨大的差距，甚至是相反的方向。刘基虽然已经告老还乡，过着与世无争的生活，但是自小接受儒家教育的他，始终不忘朱元璋的知遇之恩，仍然在关心着国家大事。他觉得自己虽然离开了朝廷，不在官位，然而还在享受着国家的俸禄，食君之禄，就要分君之忧，作为国家的勋臣，就应该发挥自己最后的光和热，尽一点微薄之力。

谈洋位于青田县南170里处，此地在处州与温州之间，又临近福建。此地地处山区，地势险恶，交通不便，是官府势力达不到的偏僻之地，历来都是流氓无赖聚集的巢穴。刘基得知这样的情况，考虑到这件事情关系到地方百姓的安危及大明皇朝的统一稳定，自己曾是朝廷命官，又是大明朝的开创者之一，有责任站出来管一管此事。于是便在洪武五年（1373年）秋，奏请朱元璋在这里设置巡检司，派兵把守。刘基命其子赴应天上奏，这没有经过当时的中书左丞相胡惟庸，引起了胡惟庸的不满，加之刘基平日就告诉朱元璋要慎用胡惟庸，他对此事一直耿耿于怀，总想找机会报复。这次刘基上奏没有经过中书省，他便以此事构陷刘基。须知大明朝的中书省是天下的政务机关，所有内外奏章都要先经过中书省，否则就是违制，刘基这样做无疑让胡惟庸抓住了把柄。于是，胡惟庸便在刘基奏请设立巡检司一事上大做文章。

胡惟庸指使刑部尚书吴云，诱引处州府和青田县的官吏构陷刘基，说刘基看中了谈洋这个地方，因为这里有"王气"，刘基想据为己有，作为墓地，当地百姓不肯，便提出设立巡检司的办法驱赶当地住户，因此激起百姓作乱。接着，胡惟庸请朱元璋按叛逆罪处置刘基。朱元璋虽然不完全相信，但是"王气"这两个字让本来就多疑的朱元璋犯忌讳，加之他深知刘基通晓卜易之学，说不定此事是真的。所以他虽然看在刘基开国功臣的分上没有治罪，但是却手诏切责了刘基，并下旨夺了他的俸禄。

对此，刘基十分惧怕。他知道朱元璋起自布衣，好不容易得到帝位，最害怕的就是臣下篡位。这个人既没有唐太宗的宽仁大度，也没有赵匡胤的保全功臣之意，而且雄猜好杀。无奈之下，这一年七月，刘基再次入朝，亲自朝见朱元璋，辩明此事。刘基在朱元璋面前顿首谢罪，引咎自责。为了消除朱元璋的怀疑与猜忌，刘基决定留在应天，不敢再提回家之事了。

刘基此时在京城可以说是如临深渊，如履薄冰。皇帝怀疑他也就罢了，当时的权相胡惟庸与第一功臣李善长也时时想着陷害他。早在洪武初年，刘基在和朱元璋讨论丞相人选的时候就得罪了李善长和胡惟庸。当初朱元璋起兵之时，李善长是第一个来投奔他的文士，此后李善长为朱元璋全心全意经营，保住了

应天根据地，并为朱元璋源源不断地提供后勤补给，可谓功不可没。加之李善长在第一次面见朱元璋之时就为他解说天下大势，将朱元璋比作汉高祖，这一政治远见让当时的朱元璋深深折服，刘基对此也是大加赞赏。再加上李善长是淮西人，能够调和诸将之间的矛盾，保持内部的团结。大明朝开国，李善长可谓功勋彪炳。故此，朱元璋册封李善长为韩国公，位列功臣之首，并将自己的嫡亲公主许配给李善长的儿子，可见对他的器重之深。

可是李善长这个人虽然有汉朝萧何之功，却没有萧何那样的度量。外表虽然宽仁温和，但心胸狭窄，而且总是首先考虑淮西人的利益，这就

使朱元璋大为不满。朱元璋本身是一个权力欲极强的人，特别是他当了皇帝以后，总是猜疑臣下对他不忠。开国初期，朱元璋忙于统一海内，委李善长以重任是形势上的需要，但是随着战事的减少，新王朝日益巩固，朱元璋感到与他仅仅一步之遥的左丞相李善长是他独揽皇权的一种牵制，因此对李善长越来越有戒心。在这种情况下，朱元璋便想免去李善长丞相一职。有了这个打算之后，朱元璋便找刘基商量，征求他的看法。刘基向来重视丞相的人选，认为国家大治几乎系于丞相一人。尽管李

善长在暗中排斥他，但是他认为，李善长是朱元璋的勋旧，在诸将中有很高的威望，他在相位能够起到调和诸将的作用，这是别人无法替代的。不久李善长辞相，朱元璋想让杨宪接任，刘基不赞成，他认为，杨宪有相才而无相度，当丞相要持心如水，不能有私心，杨宪却不是这样的人，不适合当丞相。朱元璋又问汪广洋如何，刘基认为汪广洋还不如杨宪，不能称职。朱元璋又问胡惟庸是否合适，刘基认为他是最不合适的，他对朱元璋说，当丞相好比驾车，胡惟庸非但不会把车驾好，恐怕连车辕都要让他毁掉。朱元璋见自己说的三个人都不合适，那就请刘基来当丞相，可是刘基说，自己疾恶如仇，不适合当丞相。刘基这样说完全是出于公心，可是无意之中却得罪了权臣。李善长本意就是自己致仕之后由胡惟庸接替自己，以保持淮西集团在朝中的势力。但是刘基却反对胡惟庸当丞相，自然让李善长不满。再说胡惟庸，知道刘基在皇帝面前说自己不适合当丞相，阻断了自己升官的道路，自然怀恨在心，时思报复。朱元璋虽然询问刘基当丞相的人选，但是并没有采纳刘基的建议，在李善长致仕之后，命胡惟庸和汪广洋为丞相，随后，汪广洋因事获罪被赐死，胡惟庸升任中书左丞相，大权独揽，此时的他就更有条件陷害刘基了。

刘基在因为奏请设立谈洋巡检司之事上获罪，就留在应天。此时的他，心情沉重，时时担心自己有朝一日会有兔死狗烹的下场。在这种情绪的影响下，刘基很快病重，整天茶饭不思，逐渐卧床不起。

刘基卧病的消息很快就传到胡惟庸那里，胡惟庸为了除掉刘基，可谓处心积虑。此时，他听说刘基病重，便想出一条毒计来谋害刘基。胡惟庸派人买通太医院的太医，让他们在给刘基开的药中加放一种慢性毒药，然后命人将药送给刘基。因为是太医，朱元璋又下旨命令太医为刘基诊病，刘基没有怀疑，将药服下。而后一段时间，太医每日都来送药。朱元璋听说后也很高兴，毕竟刘基的功劳让他无法忘记，他希望自己的功臣能继续辅佐自己。

可是吃药后没几天，刘基就觉得腹中好像有拳头大小的东西，堵得难受，上下不通，精神越发不济，自己也想不明白是怎么回事。无奈之下，刘基将此事上奏朱元璋。谁知道，他的奏章被送到中书省胡惟庸的手中，朱元璋并不知道。刘基在痛苦中苦熬三个月，病势更加沉重。这时候朱元璋久不见刘基之面，便派了一个太监来探望，太监对刘基说，久不见老先生，皇上甚是思念，特地差他来探望，刘基这才知道自己的奏疏根本没有交给朱元璋，刘基随即向太监说明了情况。太监见诚意伯如此病重，便马上回宫向皇帝奏报此事。朱元璋听到刘基病危的消息后大惊，急忙再派人探望诚意伯，并兼询后事。刘基上奏，想回老家看看。朱元璋立即手诏派特使护送刘基回乡。在洪武八年（1375 年）三月，刘基终于回到了家乡。

归家之后，刘基知道自己时日不多，便向儿子们安排后事。他写成奏疏，劝朱元璋以德治理天下，还要防范胡惟庸。他嘱咐他的儿子，在他死后，皇帝召见之时将此奏疏交给朱元璋。刘基在临死之际，想的还是国家大计和社稷安危。

洪武八年夏四月十六日，大明朝开国元勋、诚意伯、上护军、资善大夫刘基在家中安静地离开了人世。六月，刘基被安葬于家乡的夏山，没有墓表，没有石碑，更没有皇帝的恤典，唯有土坟一丘而已。

帷幄奇谋——刘基

七、身后千秋

刘基走了，可是后人给他的评价却留了下来。明朝的大学者王世贞曾经说："有人将诚意伯比作张良，他在谋略上确实无愧于张良，但是说到做官或不做官的气节，却比张良差远了。"王世贞认为刘基是元朝的进士，又是元朝的官吏，后来帮助朱元璋灭元，于气节有亏。这是一种评价。另一种是明人廖道南的话："汉代大封功臣，张良仅仅要求封为留侯就满足了，然后专心于道术，明哲保身。而刘基却没有急流勇退，犹豫在朝，最终就像野鸡投于罗网一样获罪。"

刘基不能安心做一个元朝的忠臣，却心甘情愿地辅佐朱元璋，以儒家"忠臣不事二主"的标准来看，确实容易招来批评，更何况，他还曾是元朝的进士。明清两代都有人以此来批评刘基。但明末投降清朝的大学士钱谦益，对刘基却十分同情和理解，见解更加透彻。钱谦益认为，刘基在元朝为官时，迫切想要为朝廷效力，可是朝廷却不重用他，让他伤心到底。后来辅佐朱元璋成就帝业，封伯爵，好像就没有丝毫的豪气了。难道真是像人们猜测的那样，是所谓的"变节"为刘基带来了负罪感吗？然而我们看到刘基辅佐朱元璋运筹帷幄的自然，很难想象他的内心真的有负罪感。对于元朝，刘基已经失望透顶，这样的朝廷他又能有多少留恋呢?刘基晚年悲叹背后的真正原因是因为他在洪武初年不断受到淮西集团的排挤和朱元璋的猜忌。

刘基真正的悲剧在于，他是一个奇才般的人物，但却遇到了明太祖朱元璋这样的帝王，成就不了他圣君贤相的梦想。这是刘基的不幸，也是朱元璋的不幸，更是大明皇朝的不幸。朱元璋处心积虑地消灭了所有他认为能够威胁他皇位的人，功臣元勋几乎全被他杀光。可是，谁料想，在他苦心经营的身后，自己的儿子就起兵造反，推翻了他立的建文帝，也就是所谓的"靖难之役"，这不能不说是历史和朱元璋开的一个玩笑。

刘基离开了，他的封爵并没有被恢复。他去世之后，朱元璋看到

了他临死前书写的奏疏，此时又发生了胡惟庸党狱事件，记起了刘基的提醒，又下诏恢复他诚意伯的爵位，以此来表示对刘基的补偿。朱元璋在穷治胡惟庸党人的同时，严查刘基的死因，将这罪名送给了胡惟庸。刘基到底是被胡惟庸谋害致死，还是胡惟庸受到朱元璋的指使，这都无从查起了，成了历史悬案。后来，朱元璋罗织胡蓝党狱，诛杀功臣，刘基可谓是幸免于难了。李善长全家被杀，几乎所有的功臣都

和他同样的下场。这些人都成了明朝的罪人，终明之世，没有皇帝为他们平反。与这些人相比，刘基是幸运的，既得善终，还保全了自己的家人，朱元璋最后还是表彰了他。到了世宗嘉靖皇帝时，这位皇帝为了在"大礼仪"争斗中取得主动，下诏褒扬刘基，并一下子拔高了刘基的地位，这就为营造刘基神话缔造了开端。

　　嘉靖皇帝册封了刘基，并把他供奉在太庙，与朱元璋同受大明朝皇帝的祭祀。他的后人得到了诚意伯的封号，又成了明朝的勋爵。可是，刘基没想到的是，自己的家族中后来也出现了大明朝的叛逆。明崇祯十七年（1644年），明思宗朱由检在景山自缢，留都应天的大臣便要再立皇帝，此时作为刘基后人的操江御史、诚意伯刘孔昭坚持立昏庸的福王朱由崧为帝，自己想入阁做大学士。兵部尚书史可法以勋臣不得入阁的旧例拒绝了他，他便任用奸臣马士英，使得南明朝廷腐败不堪。最后清军南下，攻破应天，作为大明勋臣的刘孔昭竟然率先迎降，做了清朝的顺臣，此时在九泉之下的刘基若有知，不知会作何感想。自己为创建大明呕心沥血，一生忠于大明，自己的子孙却甘做叛臣，这是他肯定想不到的，这真是历史与他开的一个玩笑。

　　有后人去拜祭刘基墓，写下这样的诗"卧龙名大终黄土"，实在是很恰当。再英武的谋略之士，终究也逃脱不了一抔黄土的命运，只留下盖世奇功、诗文美名和数不尽的神奇传说，供后人回味。